ANJA RITTERHOFF

FESTLICHE Geldgeschenke

GUTSCHEINE, KARTEN, GESCHENKSCHACHTELN UND CO. FÜR GANZ BESONDERE ANLÄSSE

Inhaltsverzeichnis

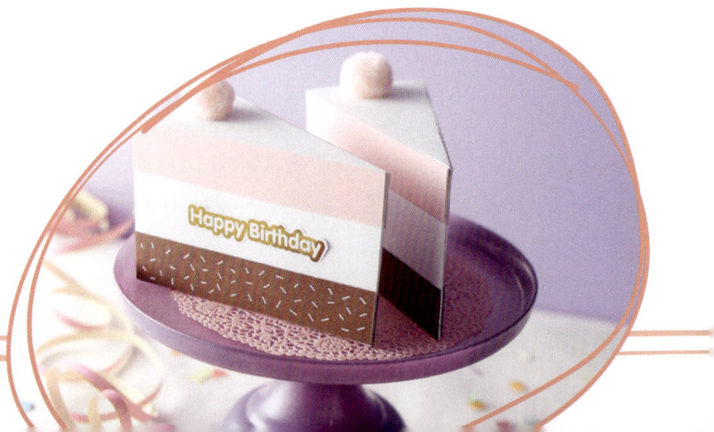

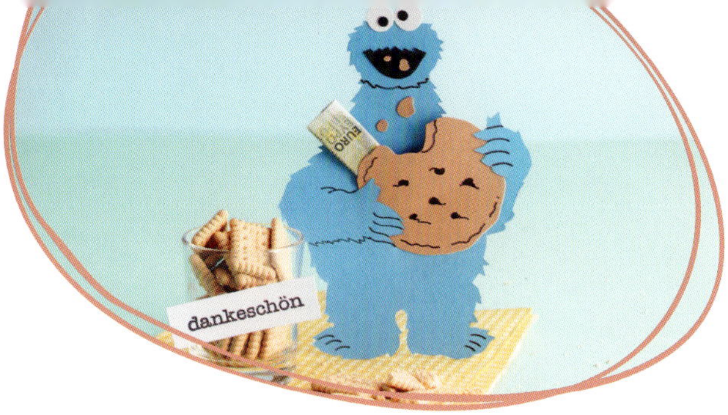
dankeschön

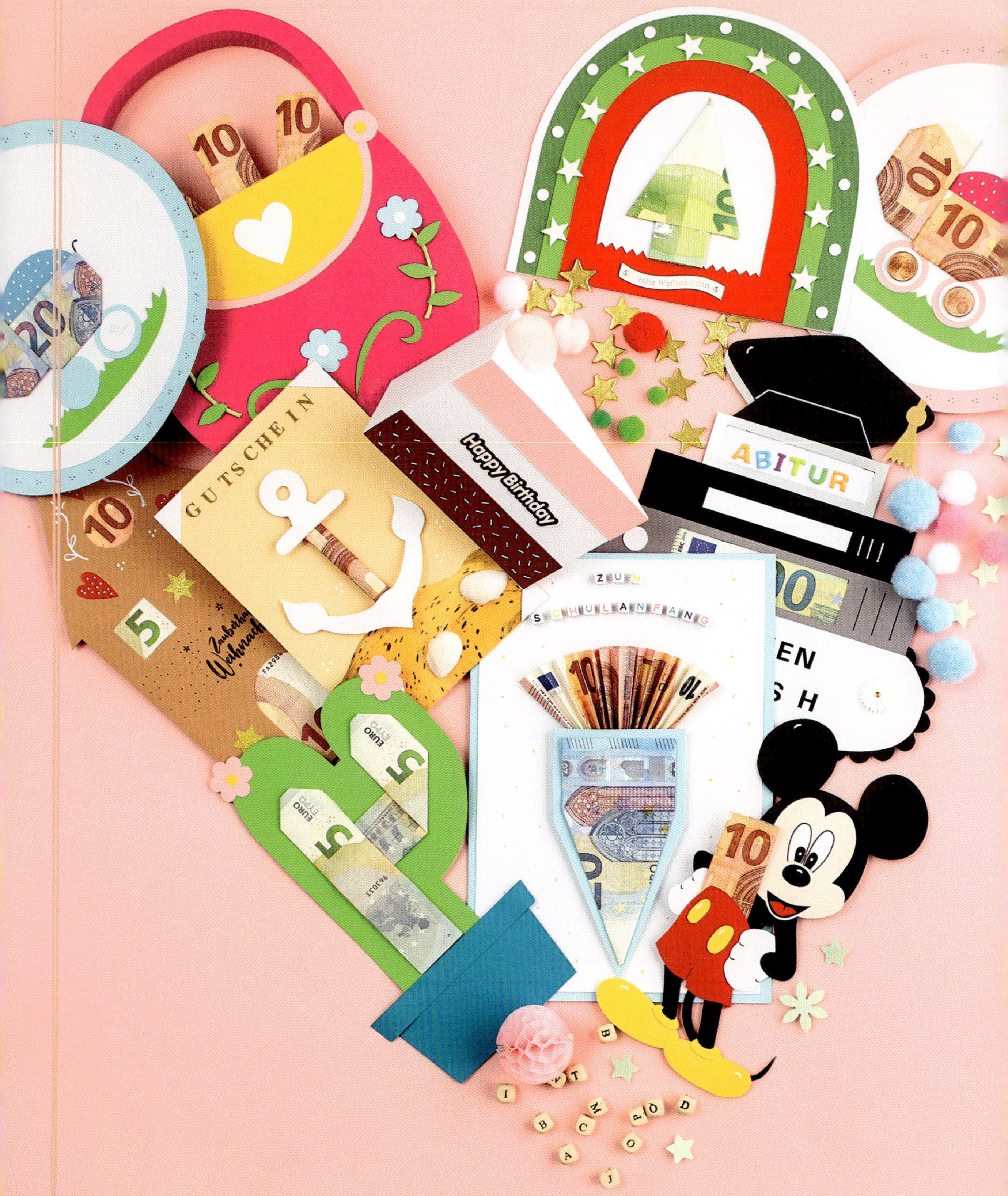
GUTSCHEIN
Happy Birthday
ABITUR
ZUM
SCHULANFANG

Vorwort

Liebevolle Geldgeschenke sind immer eine große Freude!

Was wären Geburtstage und andere Feste ohne individuelle und selbst gestaltete Geldgeschenke mit persönlicher Note? Hier erkennen Ihre Liebsten, dass Sie sich Zeit genommen und Gedanken über sie gemacht haben. So kommen Geldgeschenke immer gut an, denn mit ihnen können sich die Beschenkten ganz persönliche Herzenswünsche erfüllen.

In diesem Buch finden Sie zu zahlreichen besonderen Anlässen – ob feierlich und edel oder an Kindheitszeiten erinnernd – die schönsten Geldgeschenkideen. Lassen Sie sich von den wunderbaren Projekten inspirieren und machen Sie Ihren Liebsten eine große Freude mit einem selbst gebastelten Geldpräsent. So finden Sie hier die neusten und angesagtesten Möglichkeiten, um Ihre Scheine und Münzen in ganz besondere persönliche Geschenke zu verschiedenen Anlässen zu verwandeln. Natürlich können Sie die Modelle auch nach Ihrem eigenen Geschmack abändern und individualisieren.

Das Besondere an diesen Geldgeschenkideen ist, dass bei vielen Projekten eine tolle Dekoration übrigbleibt, die auch noch erfreut, wenn das Geld bereits verwendet wurde. So kann sich der oder die Beschenkte noch lange Zeit an den besonderen Tag erinnern. Dank ausführlicher Schritt-für-Schritt-Anleitungen und detaillierter Vorlagen gelingt das Nachbasteln der Modelle ganz einfach.

Ich wünsche Ihnen viel Erfolg beim Gestalten Ihrer wertvollen Geldgeschenke und viel Freude beim Verschenken!

Ihre

Anja Ritterhoff

Grundanleitung

Materialien und Werkzeuge

Folgende Hilfsmittel werden bei fast allen Modellen benötigt und werden daher nicht mehr in den einzelnen Materiallisten aufgeführt:

- Transparentpapier zum Abpausen der Vorlagen
- Bleistift
- dünner Karton zum Aufkleben der Vorlagen (für Schablonen)
- Nagelschere oder Papierschere
- Cutter mit geeigneter Schneideunterlage
- Metall-Lineal
- Falzbein

Bei vielen Modellen werden außerdem die unten aufgeführten Hilfsmittel benötigt. Diese werden in den Materiallisten genau aufgeführt.

- transparentes Klebeband, wiederablösbar!
- Klebstoff, Klebestift oder Klebeknete, z. B. UHU
- Heißkleber
- Abstandklebepads
- schwarzer Fineliner
- Lackstift in Weiß
- Motiv-Stanzer
- Locher
- verschiedene Stempel und Stempelkissen
- Motiv-Sticker
- Geldscheine oder Geldmünzen

Die meisten Modelle werden mit handelsüblichem Fotokarton umgesetzt. Dieser ist in vielen verschiedenen Farben im Fachhandel erhältlich. Der Fotokarton sollte eine Stärke von mindestens 220g/m haben. Je stärker das Papier ist, desto schwieriger ist es allerdings, dieses mit einem Cutter auszuschneiden.
Hinweis: Mit „Rest" ist in den Materialangaben immer ein Stück Fotokarton gemeint, das maximal DIN A5 groß ist.

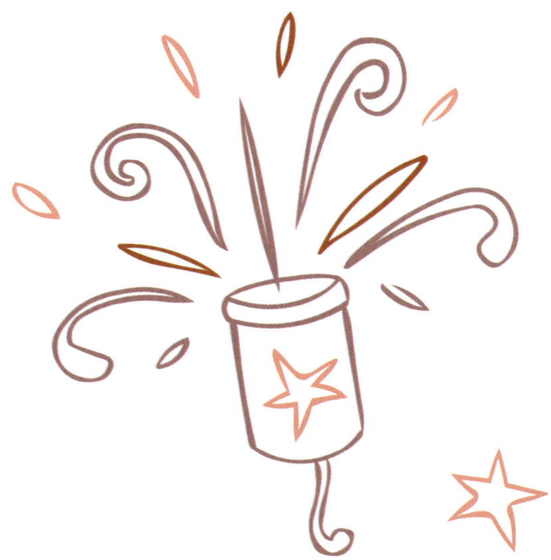

So geht's

VORLAGEN ÜBERTRAGEN

Alle Vorlagen zu den einzelnen Motiven finden Sie auf den hinteren Buchseiten. Gehen Sie hierbei wie folgt vor:

1. Die Vorlage vom Vorlagenbogen mit einem Bleistift auf festes Transparentpapier übertragen. Dafür alle Einzelteile des Motivs ohne Überschneidungen abpausen.

2. Die Vorlage auf den gewünschten Fotokarton legen und mit einem Bleistift umranden. Alle Motivteile mit einer Schere ausschneiden. Sie können je nach Modell auch einen Cutter und ein Lineal zur Hilfe nehmen. Die restlichen Bleistiftlinien anschließend wegradieren.

3. Mithilfe der Vorlage und dem Modellfoto die Motivteile anordnen und zum fertigen Modell zusammenkleben.

4. Alle Linien und Schriftzüge mit einem schwarzen Fineliner oder Stempeln und Aufklebern vor dem Zusammenkleben des Modells auftragen und dann auf das Motiv setzen. Anschließend alle sonstigen Verzierungen anbringen.

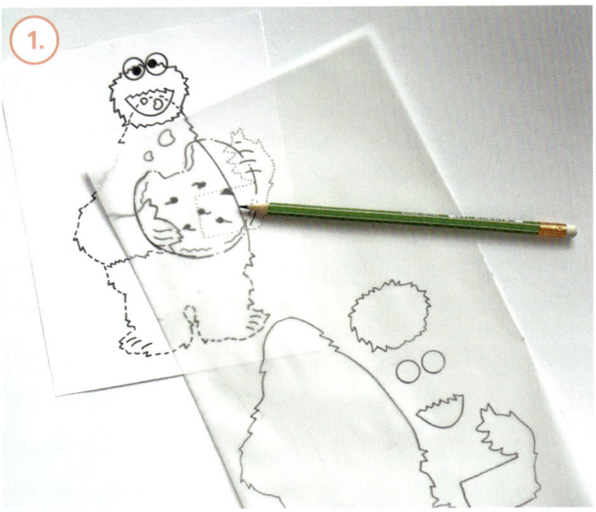

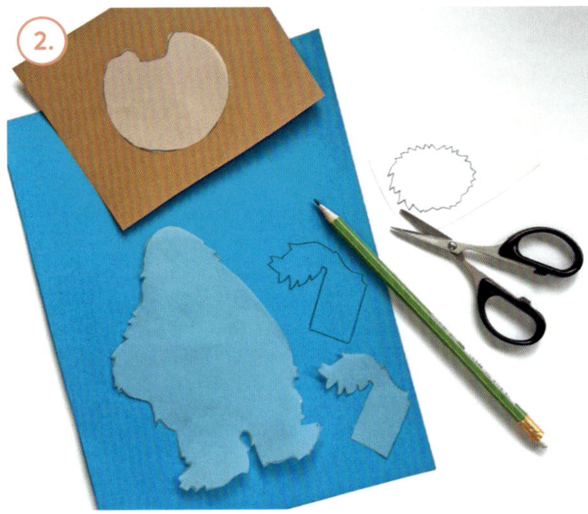

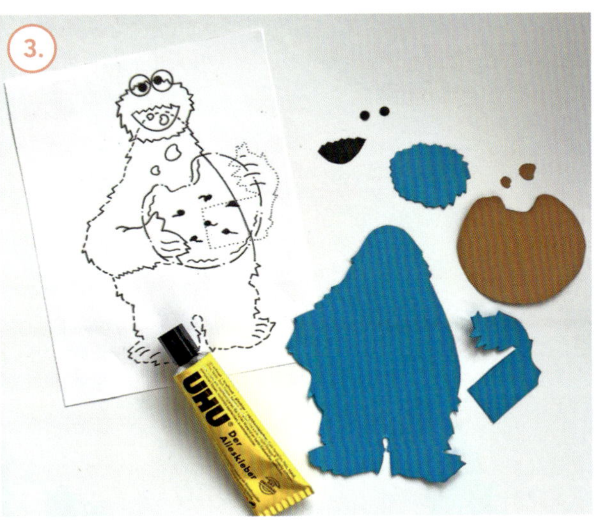

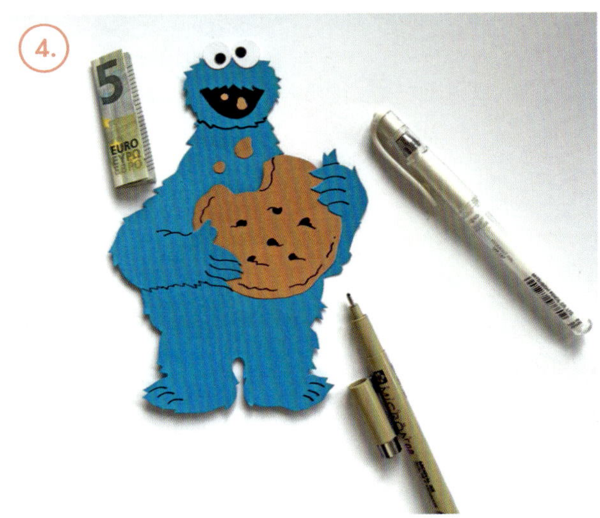

SCHABLONEN ANFERTIGEN

Wenn Sie ein Modell mehrfach anfertigen möchten, empfiehlt es sich, eine Schablone anzufertigen. Dazu das abgepauste Transparentpapiermotiv auf eine dünne Pappe kleben und exakt ausschneiden. Diese Schablone auf das gewünschte Material legen und die Umrisse mit einem Bleistift nachfahren. Die Schablonen können Sie mehrfach verwenden.

SCHNELLE SCHABLONEN – DIE KOPIER-METHODE

Falls es einmal etwas schneller gehen soll, können Sie die Vorlage auch mehrfach kopieren und die benötigten Motivteile aus den Kopien herausschneiden.

VORLAGEN INDIVIDUELL VERGRÖSSERN ODER VERKLEINERN

Wenn Sie ein Motiv nachbasteln, können Sie es genau auf Ihr Wunschformat vergrößern oder verkleinern. Dafür nutzen Sie einfach den Zoom-Modus eines Kopierers. Beachten Sie dabei, dass die Geldscheine dann eventuell etwas anders eingesetzt oder hinterlegt werden müssen oder Sie ggf. mehrere davon benötigen.

FALTLINIEN MIT DEM CUTTER ANRITZEN

Exakte Faltungen gelingen, indem man ein Metalllineal an eine Faltkante anlegt und den Cutter dann mit leichtem Druck am Lineal entlangführt. Der Karton wird somit leicht eingeritzt und kann gut gefaltet werden.

KLEBEN

- Für das Zusammenkleben der Papiermodelle können Sie einen Klebestift verwenden. Wenn Heißkleber benötigt wird, steht dies in der jeweiligen Anleitung.
- Für das Kleben der Geldscheine eignet sich oft transparentes Klebeband. Formen Sie dafür einen Streifen Klebeband zu einer Rolle und kleben Sie ihn anschließend unter das Geld. Außerdem können Geldscheine auch sehr gut mit Fotokleber oder Klebeknete (z. B. UHU patafix) an- und zugeklebt werden. So können Sie später problemlos und rückstandsfrei wieder abgelöst werden.
- Münzen können Sie sehr gut mit 3D-Klebeplättchen fixieren. Mit diesen erzielt man zudem einen schönen 3D-Effekt. Alternativ können Münzen auch mit Heißkleber angebracht werden.

BESCHRIFTUNG DER MODELLE

Schriften können Sie sich sehr einfach am PC in jeder beliebigen Größe herstellen. Nehmen Sie dazu ein Textprogramm und experimentieren Sie einfach, welche Schriftart Ihnen besonders zusagt. Diese drucken Sie dann auf etwas festerem Papier aus und schneiden es auf die gewünschte Größe zu. So wirkt es besonders elegant, wenn Sie eine dem Anlass entsprechende Schriftart zu Ihrem Motiv wählen. Auf diese Art können Sie jeden beliebigen Spruch (z. B. von Seite 12/13) verwenden und ihn passend zu Ihrem Modell gestalten.

Im Handel gibt es außerdem schöne Etiketten und ABC-Aufkleber, mit denen Sie Ihren Schriftzug ganz einfach aufkleben können.

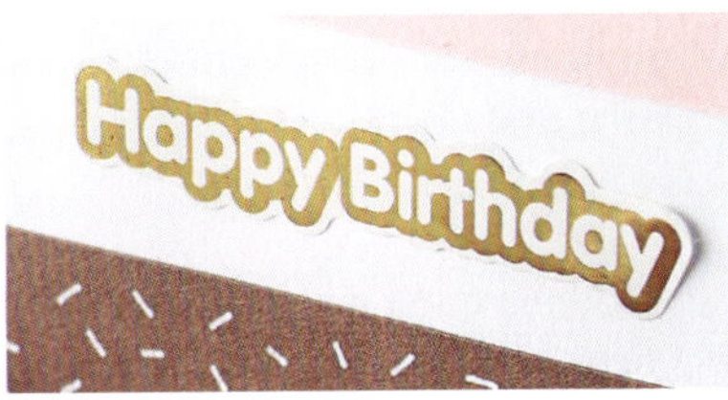

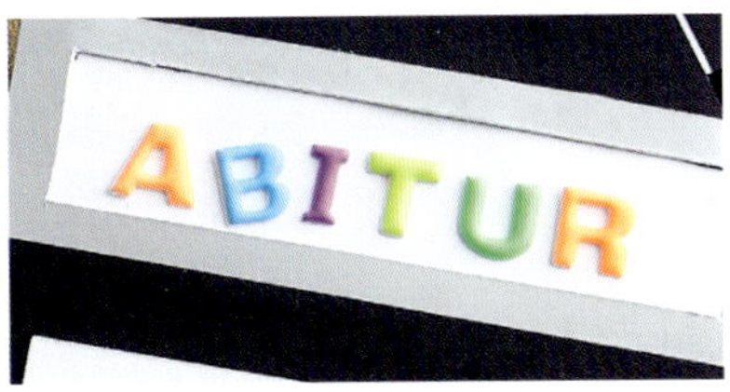

Alternativ können Sie die Schrift, die auf der Vorlage der Modelle steht, auch kopieren und als Schablone verwenden. Dafür die Schrift mit Transparentpapier abpausen und das Transparentpapier von hinten mit einem weichen Bleistift schraffieren. Dieses wieder umdrehen und auf das Motiv legen. Nun mit einem festen Bleistift die Linien nachzeichnen und dann mit einem Fineliner nachmalen. Abschließend die restlichen Bleistiftstriche wegradieren.

Wenn es schnell gehen soll, können Sie das Motiv natürlich auch einfach handschriftlich selbst bemalen und beschriften. Es empfiehlt sich dafür, den Schriftzug vorher mit einem Bleistift aufzuzeichnen, anschließend mit einem Fineliner nachzuzeichnen und die Reste des Bleistifts einfach wegzuradieren.

BESTEMPELN DER MODELLE

Im Fachhandel sind viele schöne Stempel erhältlich, mit denen Sie Ihre Geldgeschenke individuell verschönern können. Stempeln Sie Schrift oder Motive vor dem Aufkleben auf einen glatten Untergrund. Probieren Sie den Stempel vorher auf einem weißen Blatt Papier oder auf dem gewünschten Fotokarton aus, bevor Sie ihn auf dem fertigen Modell verwenden.

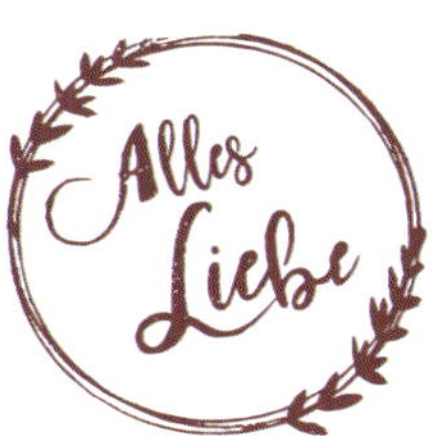

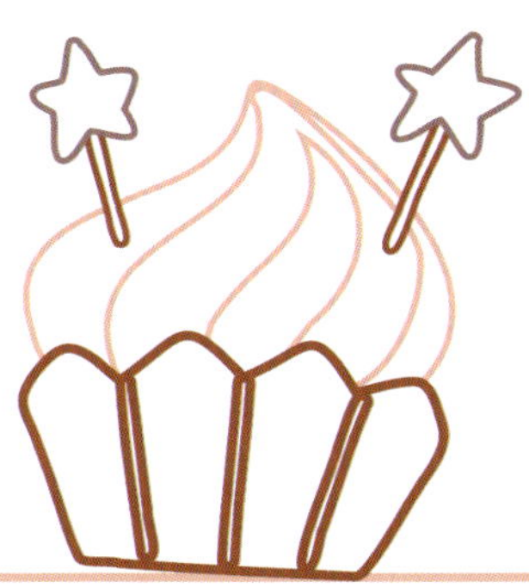

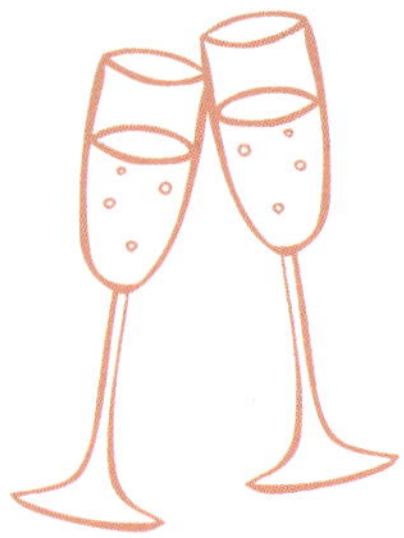

KARTEN SELBST ANFERTIGEN

Die angegebenen Maße für die Karten auf das gewünschte Papier mit Geodreieck© und Bleistift übertragen. Markieren Sie anschließend wie angegeben die Falzlinie und fahren Sie sie mit Falzbein und Lineal nach. Die Linie wird dabei eingedrückt und das Papier lässt sich sauber falten. Knicken Sie die Karte und fahren Sie anschließend noch einmal mit dem Falzbein über die Faltkante. Die Kanten können zum Schluss noch rundum bündig nachgeschnitten werden.

UMSCHLÄGE FÜR GRÖSSERE KARTEN

Es sind verschiedene Schablonenformen und -größen aus Kunststoff zum Gestalten von Umschlägen im Handel erhältlich. Mit dünnerem Papier wie Tonpapier können Sie hiermit individuell für Ihre Karten die passenden Umschläge gestalten und sie lassen sich bei Bedarf per Kopierer vergrößern. Schön sieht es auch aus, wenn Sie die Karte einfach in Geschenk- oder Packpapier verpacken. Das ist nachhaltiger als Folie und sieht toll aus!

AUFHÄNGUNG DER MODELLE

Mit Nadel und Nähgarnfaden können Sie einige der in diesem Buch vorgestellten Modelle ganz einfach aufhängen. Dafür das Modell zwischen zwei Fingern ausbalancieren und mittig ein Loch mit der Nadel stechen, den Faden durchziehen und verknoten. Alternativ können Sie auch ein Satinband mit Heißkleber von hinten an das Modell kleben.

SCHWIERIGKEITSGRADE

Sie können sich zur Hilfestellung an den folgenden Symbolen im Buch orientieren, um besser einschätzen zu können, wie viel Übung für das jeweilige Modell nötig ist:

■ □ □ **SCHNELL UND EINFACH**

■ ■ □ **BRAUCHT ETWAS ÜBUNG**

■ ■ ■ **FÜR ANSPRUCHSVOLLE**

TIPP:
Geld ist kein Bastelmaterial.
Es darf weder mit falschem Klebstoff behandelt noch zerschnitten werden. Achten Sie darauf, dass es später wieder als Zahlungsmittel eingesetzt werden kann!

TIPPS UND TRICKS ZUM BASTELN MIT GELD

- Glatte neue Scheine erhalten Sie bei Ihrer Sparkasse oder Bank. Hier können Sie gezielt Geldscheine beim Selbstbedienungscenter am Schalter auswählen.
- Zum Falten der Geldscheine ist ein Falzbein eine gute Investition. Durch die besondere Form und den abgestimmten Härtegrad dieses Werkzeuges gelingt das Falten viel besser. Die Knickkanten der Geldscheine einfach mit einem Falzbein nachziehen, so werden die Knicke genauer und das Ergebnis damit ordentlicher.
- Drehen Sie Geldscheine zum Aufrollen über einen Bleistift.
- Matte Münzen können Sie mit etwas Spülmittel blank putzen.
- Geldscheine, die wellig oder geknickt sind, können vorsichtig gebügelt werden. Achtung: Bügeln Sie dabei ohne Dampf und nur bei mittlerer Temperatur!

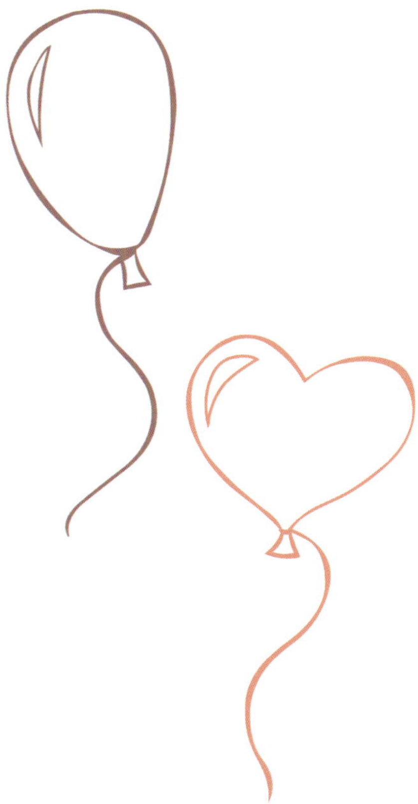

Sprüchesammlung

Ihr Geldgeschenk wird noch individueller, wenn Sie den Text mit einer persönlichen Widmung, dem Namen des Beschenkten oder einem besonderen Datum anbringen. Lassen Sie Ihrer Kreativität freien Lauf!

Ein paar Moneten für dich

Taschengeld

Nur so

Wir schenken NIX

Ein bisschen Knete für dich

Ein paar Mäuse für dich

Moneten für monstermäßige Anschaffungen

Ein paar Piepen

Shoppinggeld

Auf zur Shoppingtour

Money, Money, Money

Wunscherfüller

Zum Verwöhnen

Meine letzten Cents für dich

Happy Birthday

Achtung, Krötenwanderung

Für einen Wunsch

Wir gratulieren

Kauf dir was Schönes

Herzlichen Glückwunsch

Alles Gute

Zur Trauung die besten Wünsche

Kostbare Blüten für dich

Zur Vermählung

Von Herzen für dich

Gute Wünsche

Damit dein Wunsch in Erfüllung geht

Viel Glück

Weihnachtsgeld

Klimpergeld

Ein kleiner Zuschuss

Frohe Weihnachten

Moneymäuse

Ein warmer Geldregen

Festlicher Geldsegen

Silvestergroschen

Das Baby ist da

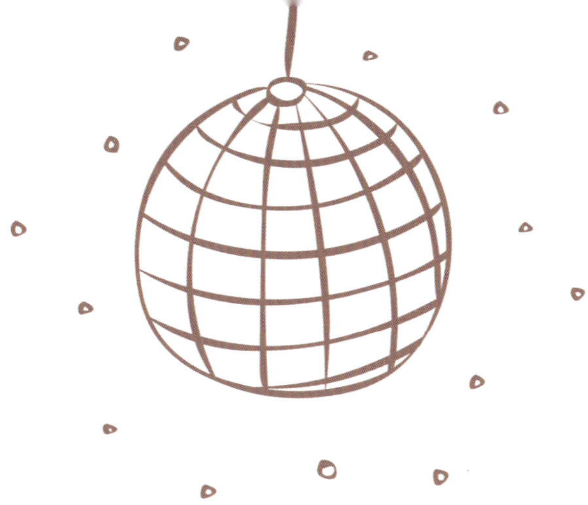

Babys erste Geldanlage
Sorgenfrei-Groschen
Für eine strahlende Zukunft
Geburtstagsgrüße
Geld wie Heu
Danke
Viel Glück im neuen Heim
Spielgeld
Zum Träume spinnen
Für deinen Traum
Reisegeld
Für deinen Herzenswunsch
Kaffeeklatsch

Anlässe:
Valentinstag
Ostern
Reise
Halloween
Nikolaus
Weihnachten
Taufe und Geburt
Schulanfang
Schulabschluss
Führerschein
Geburtstag
Hochzeit
Konfirmation
Kommunion
Firmung
Party
Sommerfest
Jubiläum

Kinderwagen

Ein tolles Geschenk zur Geburt

1. Alle Motivteile gemäß der Grundanleitung vom Vorlagenbogen abpausen, auf den Fotokarton übertragen und ausschneiden.

2. Zuerst kleben Sie den weißen Kreis auf den blauen oder rosafarbenen Kreis. Anschließend die Wiese aufkleben.

3. Falten Sie nun die Geldscheine: Den Schein so hinlegen, dass das Gebäude richtig herum steht. Knicken Sie anschließend beide Seitenteile mittig nach hinten. Jetzt das Viereck zum Rechteck falten und die unteren Ecken als kleines Dreieck nach hinten knicken. Wiederholen Sie dies mit dem zweiten Schein.

4. Kleben Sie das Geld als Sitzfläche und Dach mittig mit Klebefilm auf den weißen Kreis und schieben Sie die Bettdecke in Rosa oder Hellblau unter die Geldscheine.

5. Kleben Sie für die Räder einen weißen Kreis auf einen farbigen Kreis und befestigen Sie auf jedem Reifen eine 1 Cent-Münze. Das geht gut mit Heißkleber. Fixieren Sie die Räder auf der Karte.

6. Nun einen Nähgarnfaden in das Nadelöhr einfädeln, oben am ausbalancierten Motiv ein Loch stechen und den Faden durchziehen. Die Perlen auffädeln und den Faden mit einem Knoten verschließen.

7. Zum Schluss den Schrift-Stempel auf das Herz drücken und trocknen lassen. Kleben Sie das Herz anschließend oberhalb der Bettdecke auf. Verzieren Sie die Bettdecke mit weißen Lackstiftpunkten. Mit einem Fineliner umranden Sie das Herz und bemalen den äußeren Kreis mit einem hübschen Pünktchenmuster.

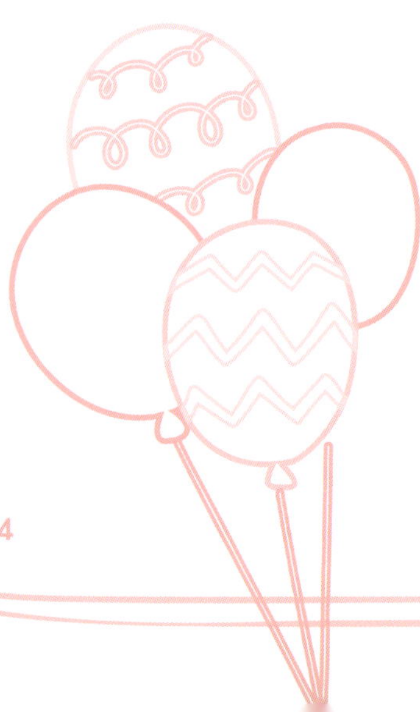

MOTIVGRÖSSE:
ø 20 cm

MATERIAL:
- Fotokarton in Weiß, Rosa und Hellblau, DIN A4
- Fotokartonrest in Pink, Hellgrün und Mittelblau
- Klebestift
- Klebefilm
- Heißkleber
- Nähgarn in Weiß
- Nähnadel
- 5 Perlen in Rosa oder Hellblau
- Stempel mit Schriftzug: von Herzen
- Acrylblock für den Stempel
- Stempelkissen in Schwarz
- Lackstift in Weiß
- Fineliner in Rosa oder Hellblau
- 4x 1 Cent-Münze
- 2x 10 €-Schein oder 2x 20 €-Schein

VORLAGE:
Seite 80

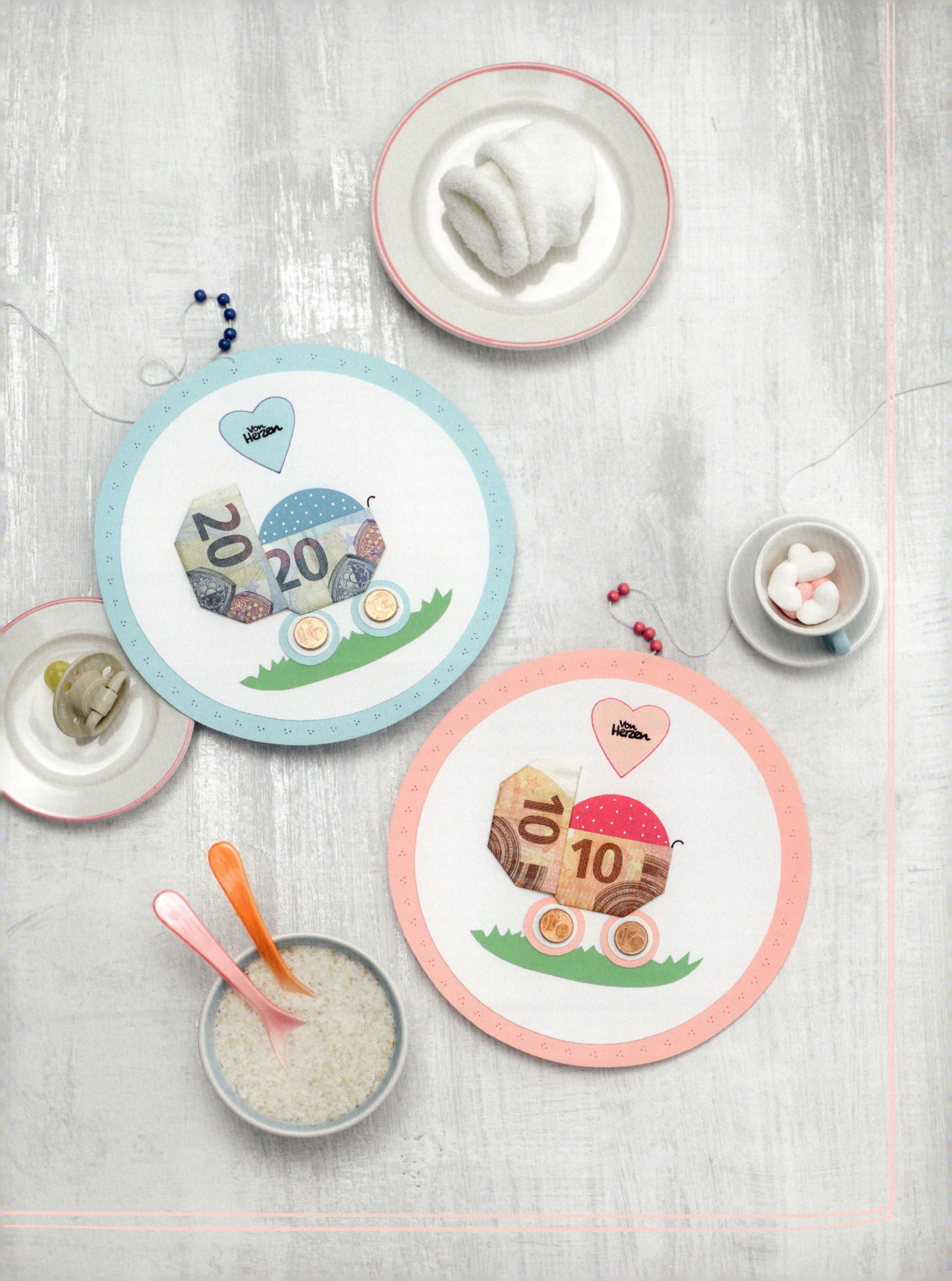
Von Herzen
Von Herzen

Zum Schulanfang

Hurra, die Schule geht los!

1. Alle Motivteile gemäß der Grundanleitung vom Vorlagenbogen abpausen, auf den Fotokarton übertragen und ausschneiden.

2. Die hellblaue Karte in den angegebenen Maßen zuschneiden. Von den 32 cm die Hälfte als Mittellinie markieren, diese Linie mithilfe von Lineal und Falzbein vorfalzen und dann falten. Das weiße Rechteck mittig auf die hellblaue Karte kleben, sodass ein hellblauer Rand entsteht.

3. Falten Sie nun den 20 €-Schein zur Schultüte. Dazu falten Sie den Schein an jeder Längsseite 3 mm nach hinten, sodass er die Breite der Schultüte bekommt. Legen Sie jetzt den Schein auf die Vorlage und knicken Sie ab 4 cm von oben die Spitze nach unten. Das gleiche wiederholen Sie auf der linken Seite. Das überstehende Stück Geld einfach hinter die Spitze knicken. Alles auf der Rückseite mit Klebefilm fixieren. Mithilfe von Klebefilmrollen kleben Sie anschließend den Schein auf die hellblaue Schultüte.

4. Nun zwei 10 €-Scheine zur Ziehharmonika falten und mit Klebefilm hinter die hellblaue Schultüte kleben. Fixieren Sie in Höhe der 10 €-Scheine kleine Stücke des Abstandsbandes hinter der hellblauen Schultüte. Jetzt die fertige Schultüte auf der weißen Karte platzieren.

5. Die Buchstabenwürfel zum Schriftzug anordnen und nacheinander im Halbkreis mit einem Klebestift auf die Karte kleben.

6. Verzieren Sie zum Schluss die Karte mit verschiedenfarbigen Buntstiftpunkten.

MOTIVGRÖSSE:
ca. 16 cm x 24 cm

MATERIAL:
- Fotokarton in Weiß, 14,7 cm x 22,5 cm
- Fotokarton in Hellblau, 32 cm x 24 cm
- Fotokartonrest in Hellblau
- Klebestift
- Klebefilm
- Abstandsband
- Buchstabenwürfel
- Buntstifte in Gelb, Rosa, Flieder und Hellblau
- 2x 10 €-Schein
- 1x 20 €-Schein

VORLAGE:
Seite 86

TIPP:
Sie können die Karte auch etwas größer zuschneiden und die Buchstaben für den Schriftzug mit Buchstabenstempeln aufdrucken.

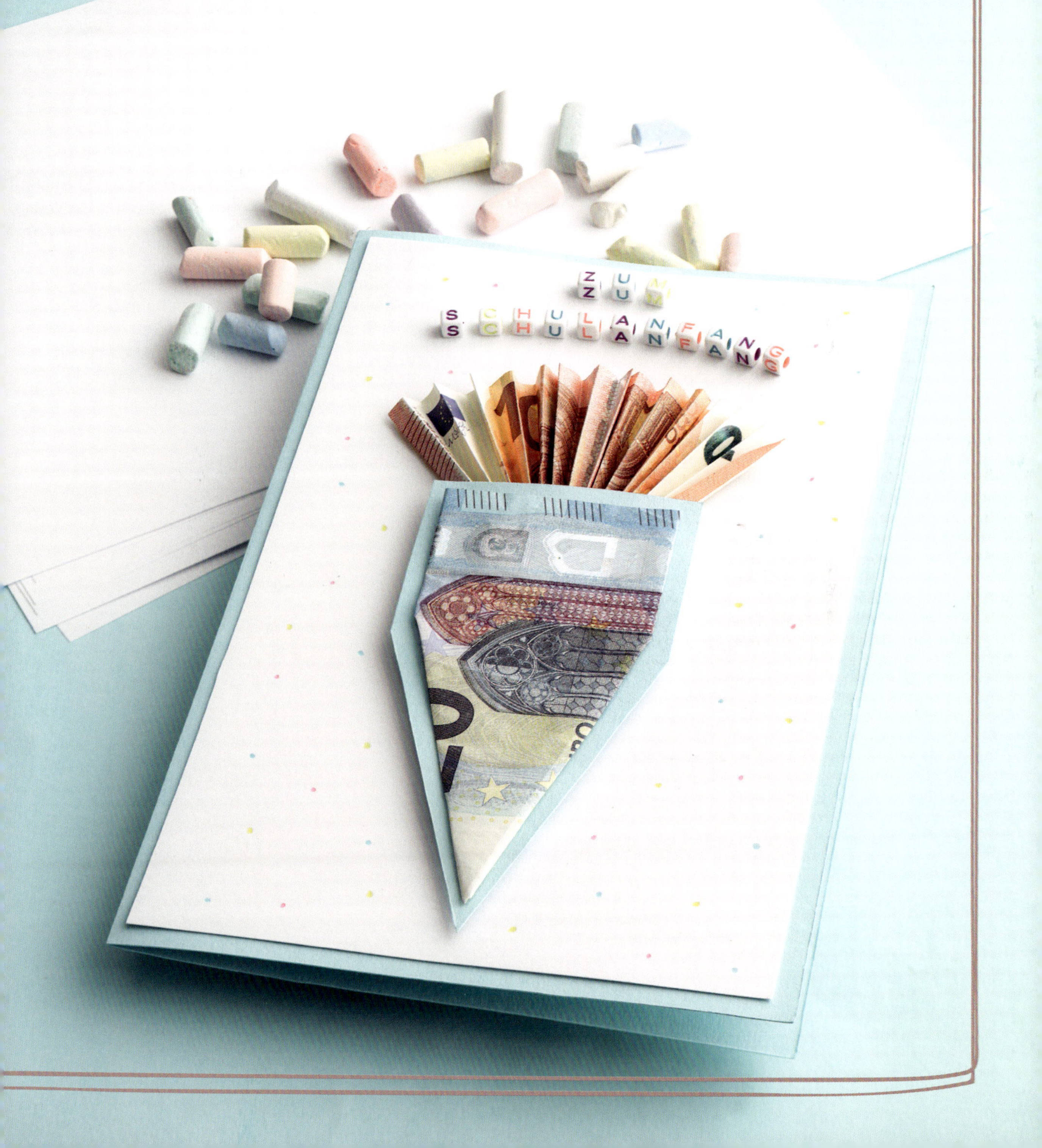

Zur Konfirmation

Herzlichen Glückwunsch

1. Alle Motivteile gemäß der Grundanleitung vom Vorlagenbogen abpausen, auf den Fotokarton übertragen und ausschneiden.

2. Den Schlitz für das Geld in den Fisch einritzen. Malen Sie Augen und Mund mit einem schwarzen Lackstift auf und setzen Sie einen weißen Lackstiftlichtpunkt in das Auge. Die Strasssteinkette auf den Fischkopf kleben.

3. Kleben Sie den Schriftzug ZUR KONFIRMATION vor dem Zusammenkleben der Schachtel auf. Die Schachtel nun an den Faltlinien mithilfe von Lineal und Cutter leicht einritzen und an den Seiten zusammenkleben.

4. Den Abstandshalter an beiden Seiten einritzen und mit der Fläche nach oben in den Kasten kleben. Auf dieser Fläche den Fisch befestigen. Den Schlitz im Fisch noch einmal nachschneiden, sodass er durch beide Kartonstücke geht.

5. Binden Sie eine Schleife aus dem blauen Satinband und kleben Sie sie auf den Schwanz. Mit Heißkleber das Zierband oben an die Schachtel kleben.

6. Falten Sie den 20 €-Schein in der Zickzackfaltung und kleben Sie ihn unten mit Klebefilm zusammen. Dann diesen Teil zusammendrücken und in den Schlitz beim Fisch einschieben. Kleben Sie abschließend ein Stück Klebeknete hinter den Geldschein, um ihn zu fixieren.

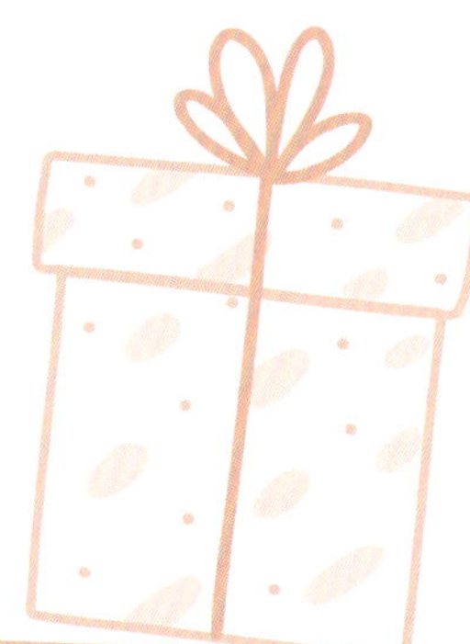

MOTIVGRÖSSE:
ca. 15,5 cm x 21 cm

MATERIAL:
- Fotokarton in Weiß, DIN A3
- Fotokartonrest in Silber
- Lackstift in Schwarz und Weiß
- 17 Strassteine in Silber, ø 4 mm
- Buchstaben-Sticker in Silber, 1,5 cm hoch
- Klebestift
- Schleifenband in Blau, 20 cm lang
- Zierband in Silber, 30 cm lang
- Heißkleber
- Klebefilm
- Klebeknete
- 1x 20 €-Schein

VORLAGE:
Seite 82

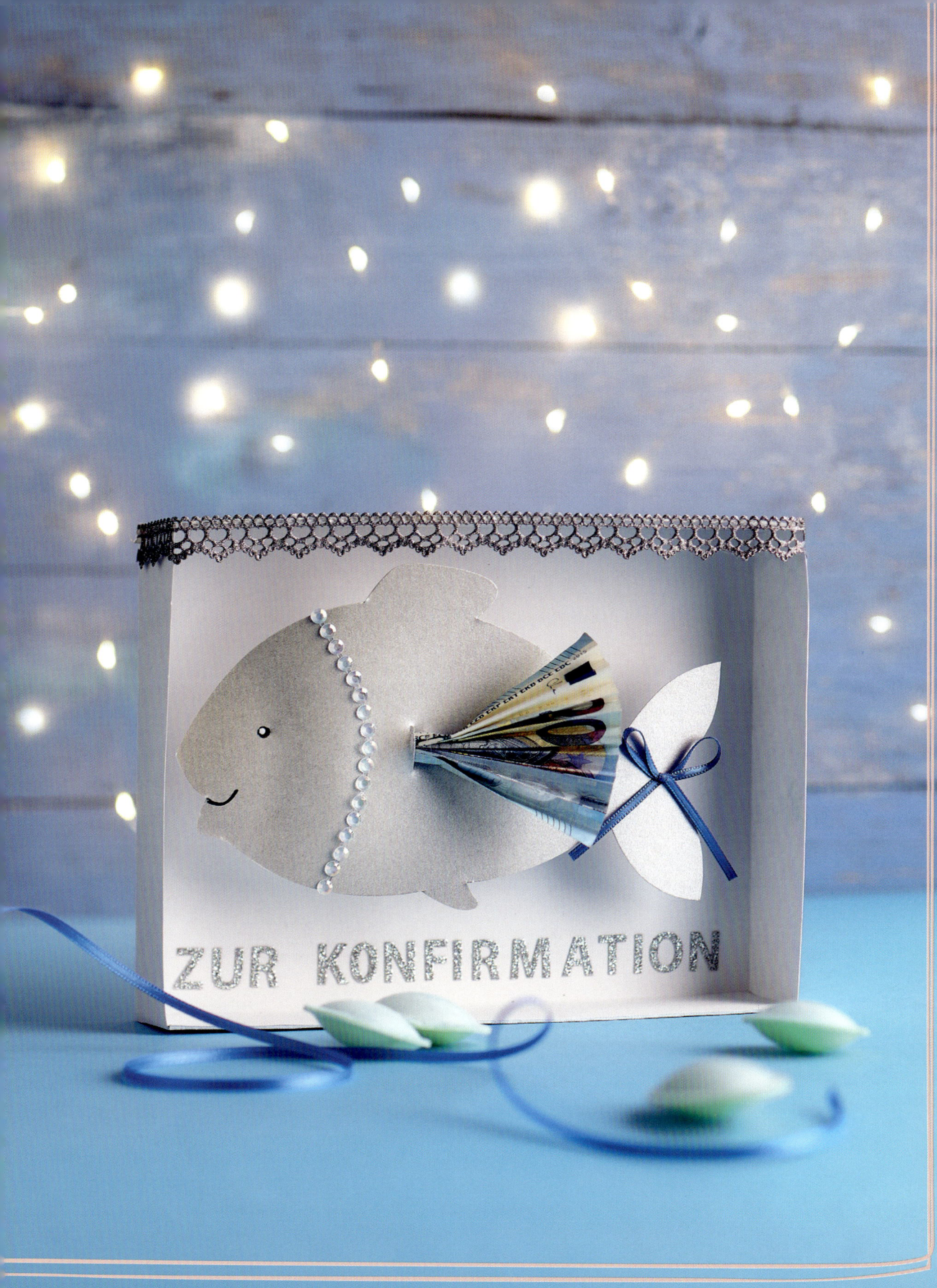
ZUR KONFIRMATION

Karte mit Anker

Gute Reise für Traveller

1. Alle Motivteile gemäß der Grundanleitung vom Vorlagenbogen abpausen, auf den Fotokarton übertragen und ausschneiden. Die Karte lässt sich gut mithilfe von Cutter, Lineal und Schneideunterlage anfertigen. Die Mitte der Karte nur leicht mit dem Cutter einritzen und dann falten.

2. Stanzen Sie das Loch im Anker mit einem Locher aus. Kleben Sie den Sandboden vorne unten auf die Karte. Die Dreiecke platzieren Sie an allen vier Ecken.

3. Jetzt rollen Sie den 10 €-Schein zu einer Rolle und fixieren ihn hinten mit Klebefilm.

4. Auf der Ankerrückseite bei beiden Teilen an den äußeren Stellen kleine Stücke Abstandsband befestigen und das untere Ankerteil auf die Karte kleben. Die Geldrolle einschieben, den oberen Teil des Ankers auf die Rolle legen und ebenfalls fixieren.

5. Malen Sie mit dem weißen Lackstift Verzierungspunkte auf die Karte und bringen Sie den Schriftzug an. Zum Schluss kleben Sie die Muscheln mit Heißkleber auf das Sandpapier.

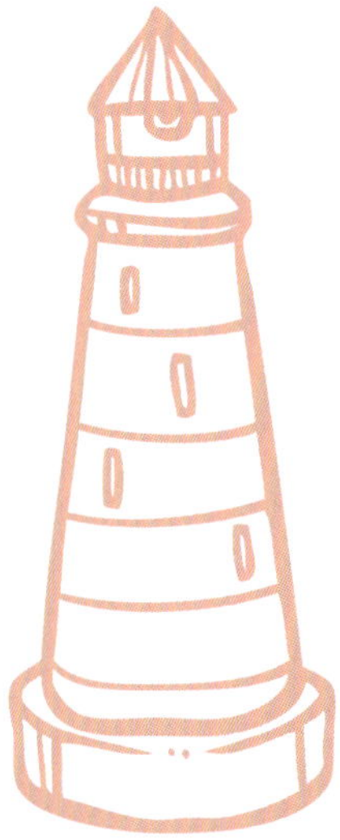

MOTIVGRÖSSE:
ca. 12 cm x 17,5 cm

MATERIAL:
- Fotokarton in Beige, 24 cm x 17,5 cm
- Fotokartonrest in Weiß
- Transparentpapier mit Sandmuster, Rest
- Klebestift
- Locher
- Klebefilm
- Abstandsband
- Lackstift in Weiß
- Buchstaben-Sticker in Gold
- 3 Muscheln in Weiß
- Heißkleber
- 1x 10 €-Schein

VORLAGE:
Seite 87

TIPP:
Anstelle des Sandpapiers können Sie auch Vogelsand verwenden. Dafür den Untergrund mit Klebstoff einreiben und etwas Sand darauf streuen. Gut trocken lassen.

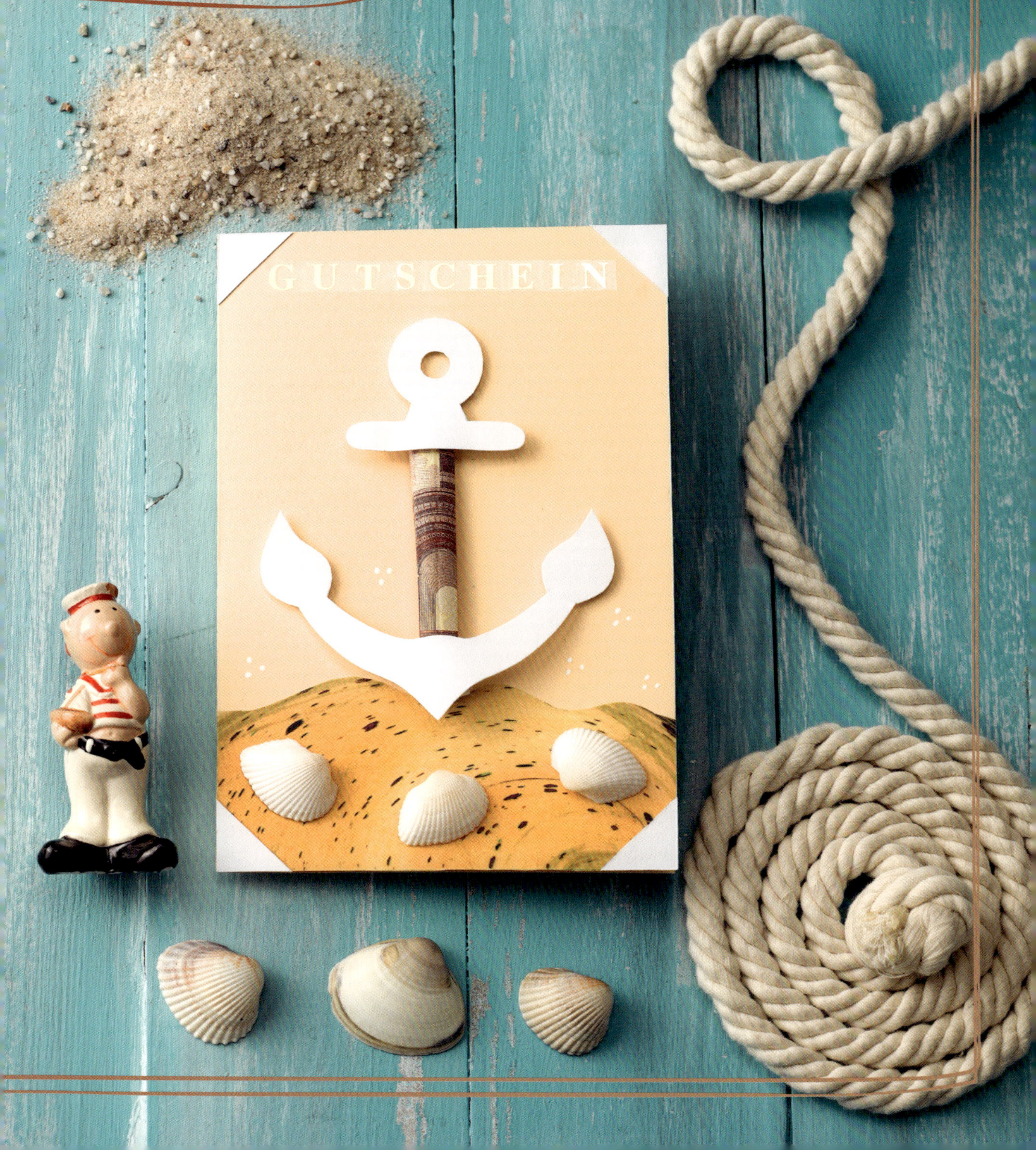

Zartes Gräser-Ensemble

Bringt den Frühling ins Haus

1. Bohren Sie mit einer Bohrmaschine fünf Löcher mit einem Durchmesser von 3 mm gleichmäßig verteilt 3 cm vom Rand entfernt in die Holzscheibe.

2. Schneiden Sie die Stiele der fliederfarbenen Lagurus für die vorderen Löcher kürzer und lassen Sie sie für die hinteren Löcher länger. Stecken Sie jeweils einen Stiel in ein Loch, vorne links sind zwei Lagurus in einem Loch.

3. Jetzt die kleinen Miniblumen mit den lila Gräsern in die beiden vorderen Löcher stecken. In das hintere Loch den pinken Strandflieder und ein lila Gras stecken. Anschließend an beiden hinteren Seiten das Schleierkraut dekorieren.

4. Falten Sie nun die Geldscheine zu Schmetterlingen. Sie benötigen pro Schmetterling zwei Scheine. Legen Sie einen Schein längs vor sich auf den Tisch und knicken Sie ihn an den beiden schmalen Seiten ca. 5 mm nach vorne um. Dann den Schein längs einmal zur Mitte knicken, wieder auffalten und alle Ecken zum Dreieck an die Mittellinie falten. Oben und unten die Ränder ca. 5 mm nach innen falten. Jetzt den Geldschein umdrehen und die umgefalteten Ränder jeweils bis zur Mitte im Zickzack falten.

5. Den zweiten Schein an einer schmalen Seite 5 mm nach innen falten und dann den ganzen Schein im Zickzack falten.

6. Nun beide Scheine zur Mitte knicken, an dieser Knickstelle aneinanderlegen und mit einem Stück Draht zusammenbinden. Fächern Sie die Geldscheine zu Flügeln auf.

7. Binden Sie zum Abschluss die Schmetterlinge mit etwas Draht vorsichtig an die Gräser.

MOTIVGRÖSSE:
ca. 18 cm x 32 cm

MATERIAL:
- Holzscheibe, ø 18 cm, 3 cm stark
- Bohrmaschine
- Bohrer, ø 3 mm
- 6 Lagurus in Flieder
- 2 Schleierkraut in Rosa
- 1 Strandflieder in Pink
- 8 Miniblumen in Rosa
- 2 Gräser in Lila
- Draht, ø 1 mm
- Drahtzange
- 4x 5 €-Schein
- 2x 10 €-Schein

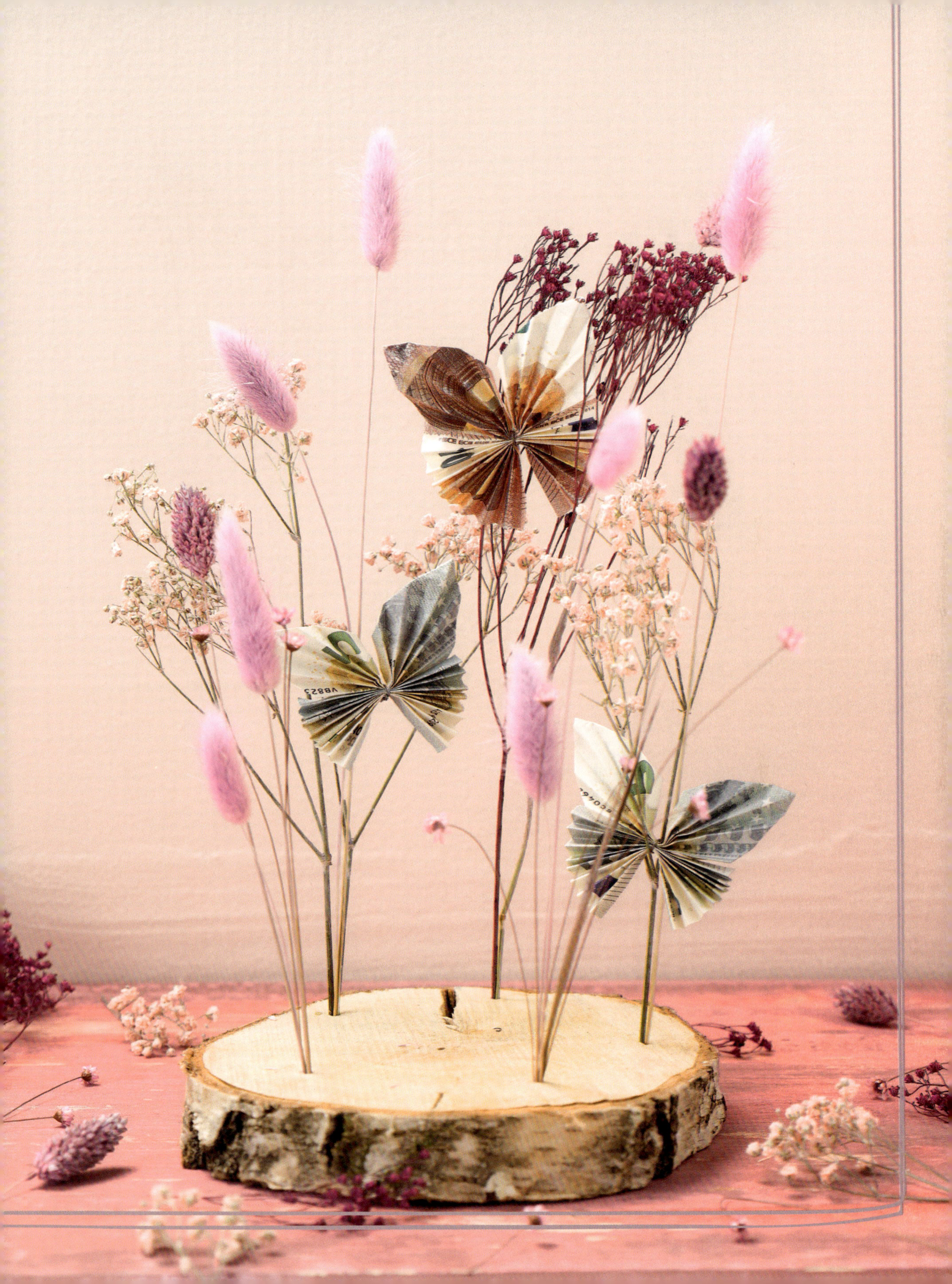

Schicke Tasche

Juhu, auf zur Shoppingtour

1. Alle Motivteile gemäß der Grundanleitung vom Vorlagenbogen abpausen, auf den Fotokarton übertragen und ausschneiden. Die Tasche zweimal ausschneiden.

2. Das Zwischenteil für die Tasche an der gestrichelten Linie mithilfe von Lineal und Cutter leicht einritzen, sodass sich die Dreiecke leicht biegen lassen. Kleben Sie nun das Zwischenteil zuerst an den Rand der Rückseite des einen Taschenteils. Anschließend die Rückseite des zweiten Taschenteils befestigen. Auf diese Weise kann die Tasche später befüllt werden.

3. Kleben Sie den gelben Verschluss auf den rosafarbenen und anschließend beide Verschlüsse oben an den Taschenrand. Mittig das weiße Herz und beidseitig die rosa Kreise mit dem gelben Locherpunkt platzieren.

4. Stanzen Sie drei hellblaue Blumen aus und versehen Sie sie mit einem weißen Locherpunkt. Den hellgrünen Blumendraht leicht biegen und die Blätter ankleben, oben die Blüten ergänzen. Die fertigen Blumen kleben Sie rechts und links auf die Tasche. Mittig die Blume mit den hellgrünen Blumenranken befestigen und unten den weißen Punkt ergänzen.

5. Das Geld so nach hinten falten, dass die 10 vorne zu sehen ist, und mit Klebefilm fixieren, damit sich die Scheine nicht auffächern. Befestigen Sie abschließend, ebenfalls mit Klebefilm, die Geldscheine in der Tasche – und es kann losgehen zur Shoppingtour!

MOTIVGRÖSSE:
ca. 24,5 cm x 18 cm

MATERIAL:
- Fotokarton in Pink, 50 cm x 70 cm oder DIN A2
- Fotokartonreste in Weiß, Gelb, Rosa, Hellblau und Hellgrün
- Locher
- Motivlocher: Blume, ø 2,5 cm
- Papierdraht in Hellgrün, 2x 6 cm
- Klebefilm
- 3x 10 €-Schein

VORLAGE:
Seite 85 und 87

TIPP:
Füllen Sie zusätzlich Süßigkeiten oder andere Kleinigkeiten in die Tasche.

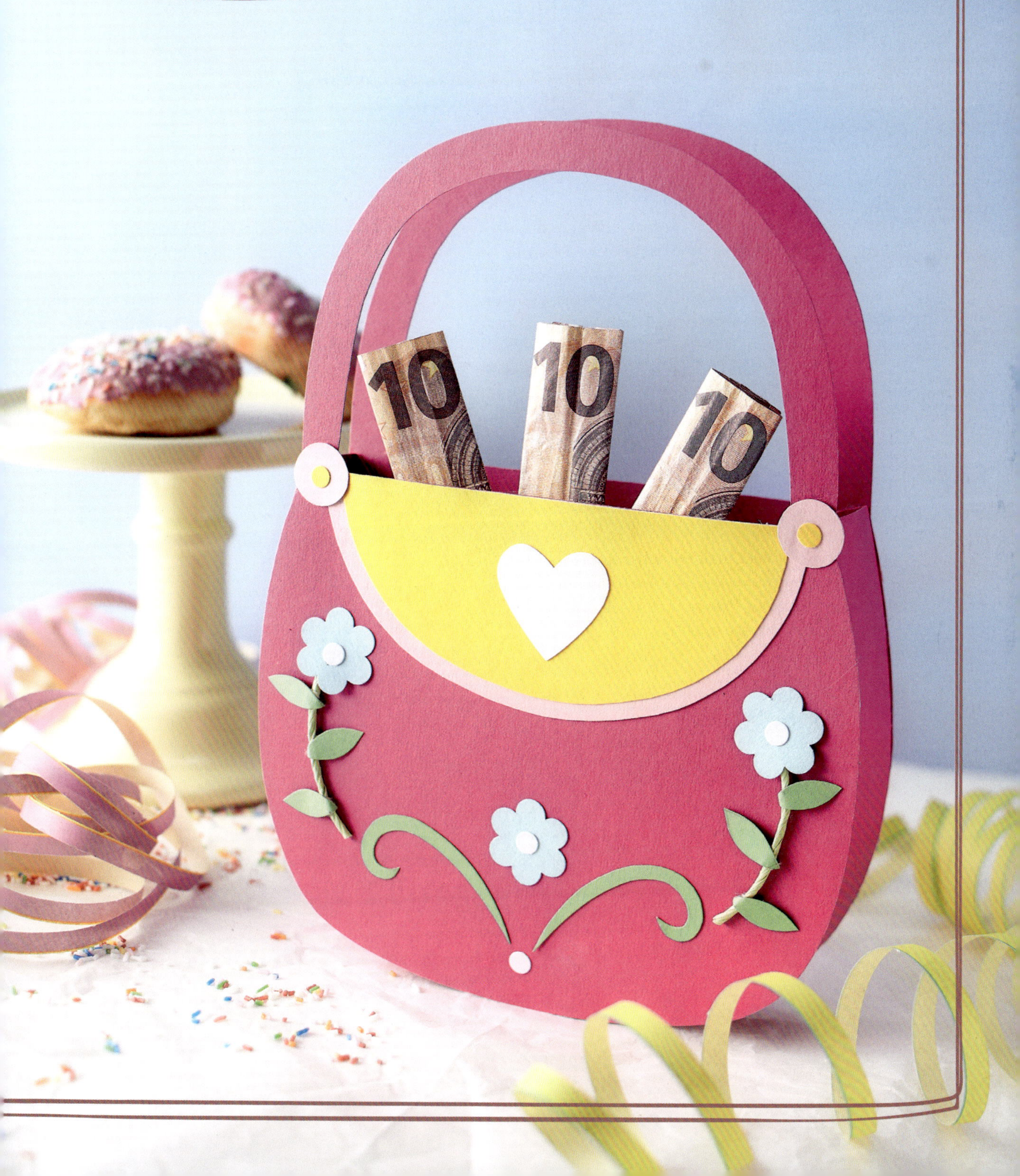

LOVE-Bilderrahmen

Herzlichen Glückwunsch zur Trauung

1. Schneiden Sie den weißen Fotokarton auf die angegebenen Maße zu. Den Schriftzug LOVE mit Transparentpapier und einem Bleistift abpausen. Das Transparentpapier auf der Rückseite mit einem Bleistift schraffieren, wieder umdrehen, passgenau auf den Fotokarton legen und mit einem harten Bleistift die Schrift nachfahren. Nun schneiden Sie den Schriftzug mit einem Cutter auf einer geeigneten Schneideunterlage aus und entfernen die restlichen Bleistiftlinien mit einem Radiergummi.

2. Fertigen Sie anschließend den goldenen Rahmen an und kleben Sie ihn um den Schriftzug. Das Geld mit Klebefilm hinter dem Schriftzug fixieren und von vorne das Herz in den Buchstaben O kleben. Das fertige Motiv in den Rahmen kleben und in die linke obere Ecke die verschlungenen Herzen kleben. Die Plexiglasscheibe aufsetzen.

3. Nun dekorieren Sie die beiden Ecken mit Trockenblumen. Dafür zuerst Blumenknete in die Ecken drücken. Nun unten links mit den hinteren Gräsern beginnen und diese versetzt mit dem Eukalyptusstängel in die Knete stecken. Davor die weiße Strohblume platzieren.

4. Die obere rechte Ecke genauso anfertigen. Vor die Strohblume stecken Sie noch ein weiteres Eukalyptusblatt – und der Rahmen ist fertig!

MOTIVGRÖSSE:
ca. 28 cm x 23 cm

MATERIAL:
- Bilderrahmen in Weiß, 28 cm breit x 23 cm hoch, 4,5 cm tief
- Fotokarton in Weiß, 25,7 cm x 20,3 cm
- Fotokarton in Gold, DIN A5
- Klebestift
- Klebefilm
- Deko-Herzen in Gold, ca. 1,5 cm breit
- Blumenknete in Grün
- 5 lange, feine Gräser in Gold
- 2 Strohblumen, ø 4 cm
- 2 Stängel Eukalyptusblätter
- 4 Lagurus in Weiß
- 4 dickere Gräser in Gold
- 1x 100 €-Schein

VORLAGE:
Seite 87

TIPPS:
Wenn das Geld entfernt wird, kann ein farbiger Karton hinterlegt werden. So bleibt der Schriftzug sichtbar und der Rahmen ist eine schöne Erinnerung an die Hochzeit.

Wenn Sie keine goldenen Gräser kaufen können, sprühen sie einfach welche mit Goldspray an.

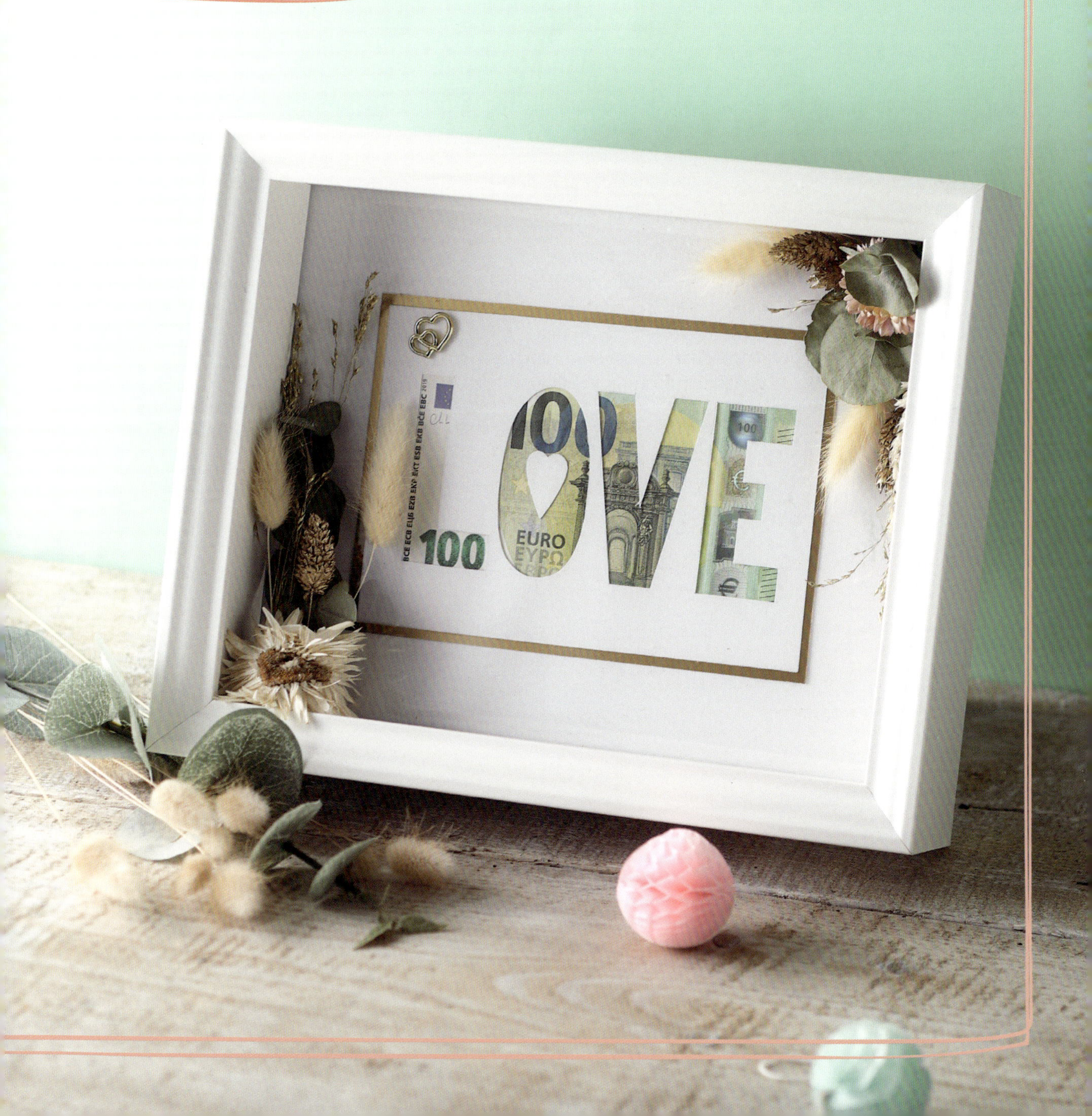

Glückwünsche zur Hochzeit

Heute feiern wir das Paar

1. Alle Motivteile gemäß der Grundanleitung vom Vorlagenbogen abpausen, auf den Fotokarton übertragen und ausschneiden. Die Karte am besten mithilfe von Lineal und Cutter ausschneiden und die Faltkante leicht mit dem Cutter vorfalzen.

2. Den 10 €-Schein mit dem Torbogen nach vorne auf den Tisch legen. Den Schein nach hinten zur Mitte längs falten, so ist er halbiert. Den Geldstreifen dann quer zur Mitte knicken und wieder auffalten. Der Geldschein liegt nun so, dass der geschlossene Teil unten liegt. Beide Außenkanten zur Mittellinie als Dreieck nach oben falten.

3. Den Schein umdrehen. Die beiden Seiten zur Mitte knicken und wieder öffnen. Jetzt bei beiden Rechtecken oben die beiden Ecken zum Dreieck falten. Die Spitzen der Dreiecke zur Kante nach innen falten und plattdrücken. Das fertige Herz umdrehen.

4. Kleben Sie die gefalteten Herzen mit Klebeknete auf die roten Fotokartonherzen. Anschließend platzieren Sie die Herzen auf der Karte und kleben einen goldenen Herzsticker mittig auf die Geldherzen.

5. Mit dem Stempel den Schriftzug in Gold auf die Karte drucken. Kleben Sie zum Abschluss den Sticker auf die Karte.

MOTIVGRÖSSE:
ca. 18 cm x 22 cm

MATERIAL:
- Fotokarton in Schwarz, DIN A3
- Fotokartonrest in Rot
- Stempel mit Schriftzug: Glückwunsch
- Stempelkissen in Gold
- Sticker-Schriftzug „Mr & Mrs" in Glitzersilber, 5 cm hoch
- Sticker-Herzen in Glitzergold, 1,5 cm hoch
- Klebeknete
- 2x 10 €-Schein

VORLAGE:
Seite 86

TIPP:
Schreiben Sie mit einem goldenen Lackstift in die Karte oder legen Sie ein rotes Einlegeblatt hinein.

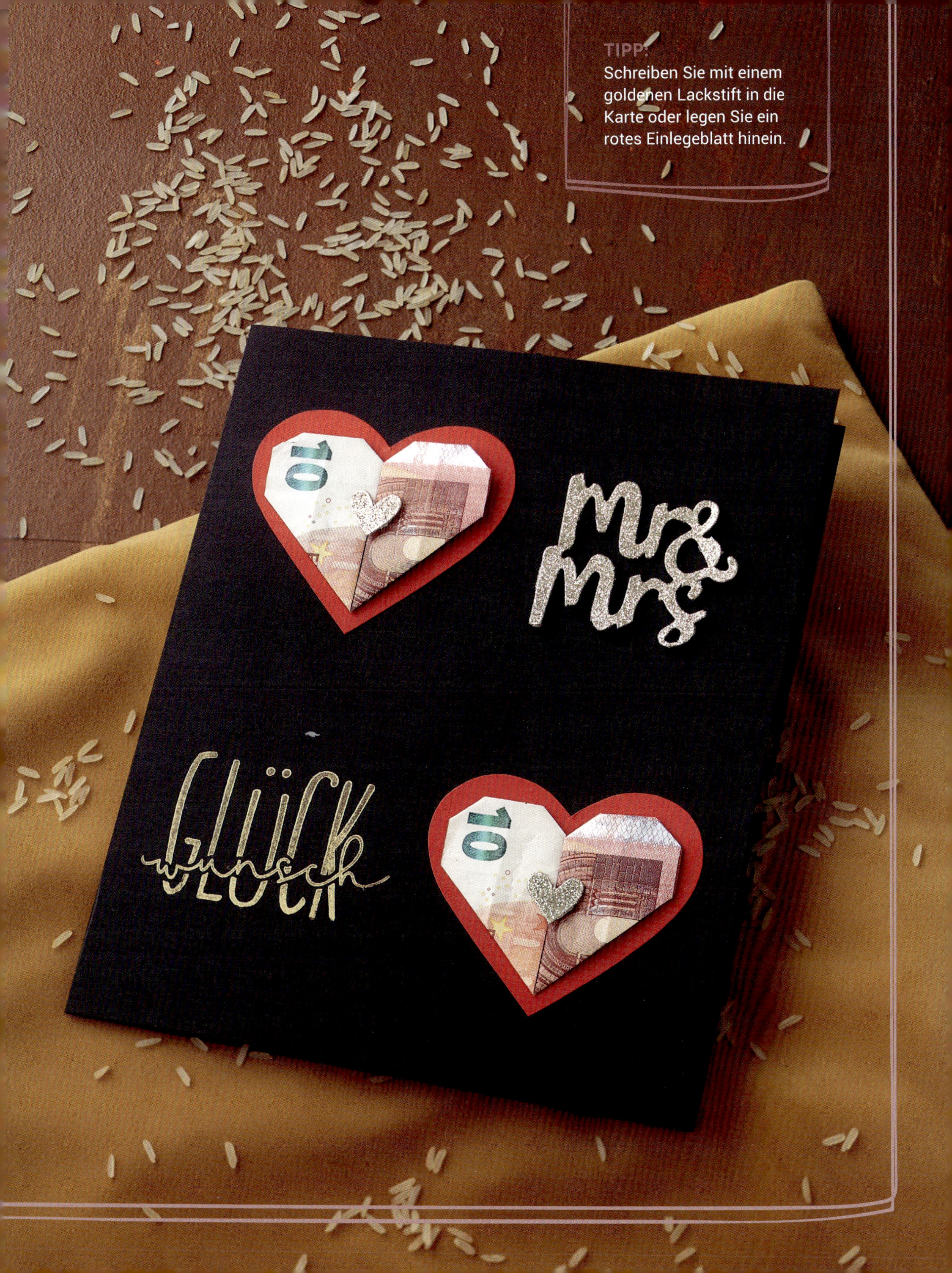

Kranz mit Schmetterlingen

Eine besondere Geschenkidee

1. Schneiden Sie alle Trockenblumen auf eine Länge von ca. 13 cm zu: 9 Stücke Pampasgras in Rosa, 7x Stacheldraht in Weiß von der Blume abschneiden, 7 Strandfliederstücke, 6 feine Gräser in Bordeaux, 6 Eukalyptusstücke und 6x Schleierkraut in Weiß.

2. Alle Blumen in Gruppen sortiert auf den Tisch legen und den Ring in der Mitte platzieren.

3. Binden Sie den Draht oben links am Ring fest und fixieren Sie ihn gut, damit er nicht wegrutscht.

4. Nun von vorne das rosa Pampasgras mit dem Stiel auf den Ring legen und mit dem Draht zweimal um den Ring wickeln. Gut festhalten und den Draht gut festziehen. In der Mitte des Grases nun ein Stück vom Stacheldraht genauso an den Ring wickeln. Jetzt fügen Sie ein Eukalyptusblatt und den Strandflieder hinzu.

5. Jetzt immer abwechselnd die Pflanzen gemäß der Abbildung auf dem Ring anordnen und nacheinander jeweils zweimal mit dem Draht um den Ring wickeln. Bestücken Sie auf diese Weise etwa den halben Ring und schließen Sie mit Stacheldraht. Am Ende wickeln Sie den Draht mehrmals um den Ring und schneiden ihn dann ab.

MOTIVGRÖSSE:
ø 30 cm

MATERIAL:
- 1 Stiel Pampasgras in Rosa
- 1 Stiel feine Gräser in Bordeaux
- 1 Pflanze Stacheldraht in Weiß
- 1 Stiel Schleierkraut in Weiß
- 1 Stiel Strandflieder in Bordeaux
- 1 Stiel Eukalyptus
- Metallring in Gold, ø 30 cm
- 1 Rolle Bindedraht in Gold, ø 0,4 cm
- Nähgarnfaden in Creme
- Aufhängekordel in Gold, 1 m lang
- 10x 10 €-Schein

TIPP:
Sie können auch andere Sorten Trockenblumen verwenden.

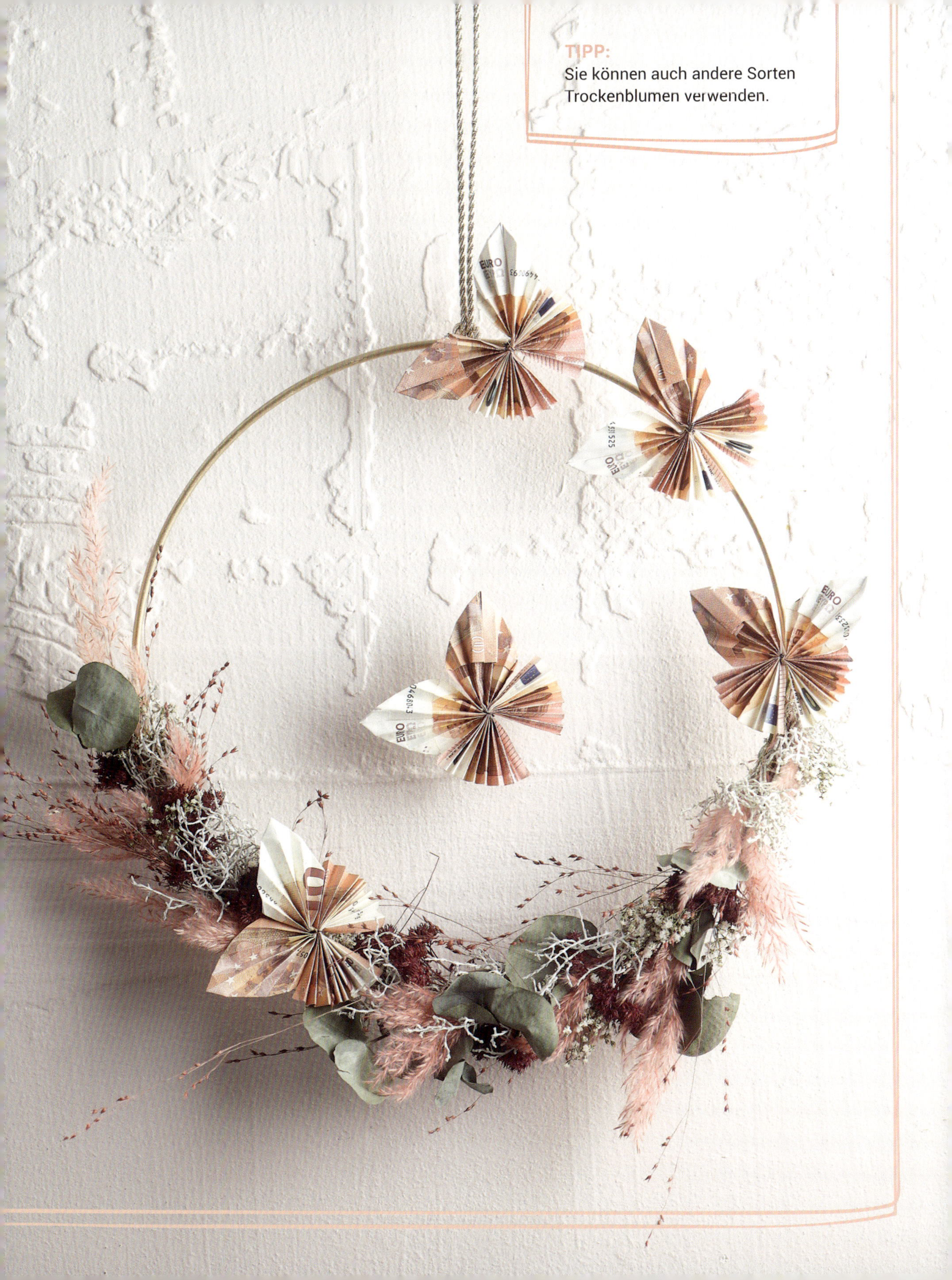

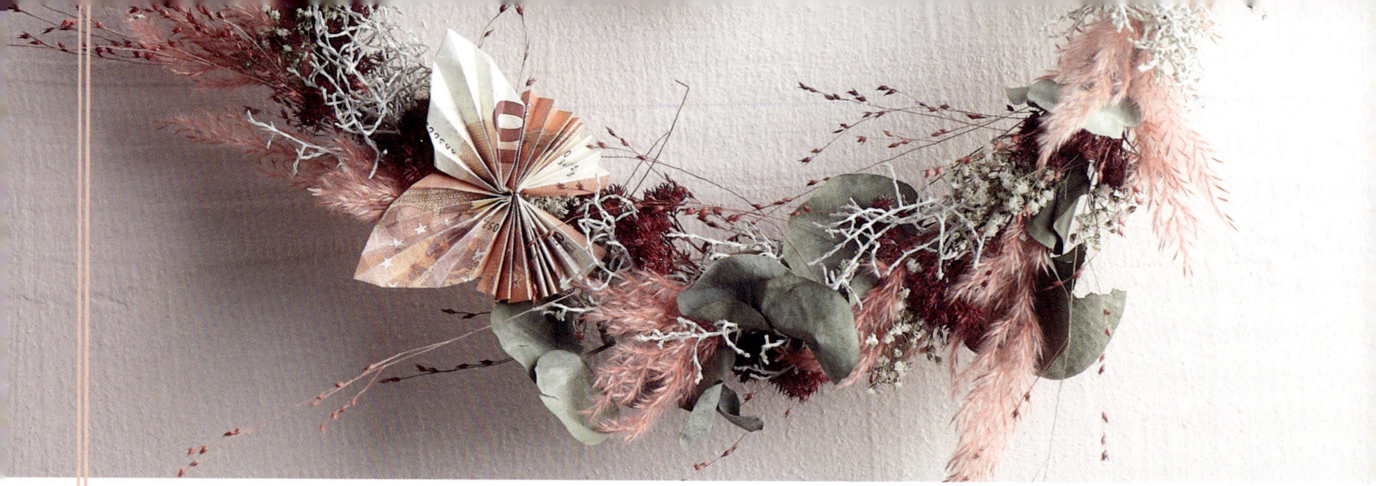

6. Falten Sie nun die Geldscheine zu Schmetterlingen. Sie benötigen pro Schmetterling zwei Scheine. Legen Sie einen Schein längs vor sich auf den Tisch und knicken Sie ihn an den beiden schmalen Seiten ca. 5 mm nach vorne um. Dann den Schein einmal längs zur Mitte knicken, wieder auffalten und alle Ecken zum Dreieck an die Mittellinie falten. Oben und unten die Ränder ca. 5mm nach innen falten. Jetzt den Geldschein umdrehen und die umgefalteten Ränder jeweils bis zur Mitte im Zickzack falten.

7. Den zweiten Schein an einer schmalen Seite 5 mm nach innen falten und dann den ganzen Schein von der schmalen Seite her im Zickzack falten.

8. Nun beide Scheine zur Mitte knicken, an dieser Knickstelle aneinanderlegen und mit einem Stück Draht zusammenbinden. Fächern Sie die Geldscheine zu Flügeln auf.

9. Platzieren Sie nun die Schmetterlinge auf dem Ring. Orientieren Sie sich dabei an der Abbildung. Geben Sie einen Tropfen Heißkleber auf den Draht in der Mitte der Schmetterlinge und kleben Sie diese an den Ring oder auf die Blüten. Einen Schmetterling binden Sie mit einem Faden so an den Ring, dass er frei in der Mitte schwebt.

10. Zum Schluss binden Sie eine goldene Kordel als Aufhängung an den Ring.

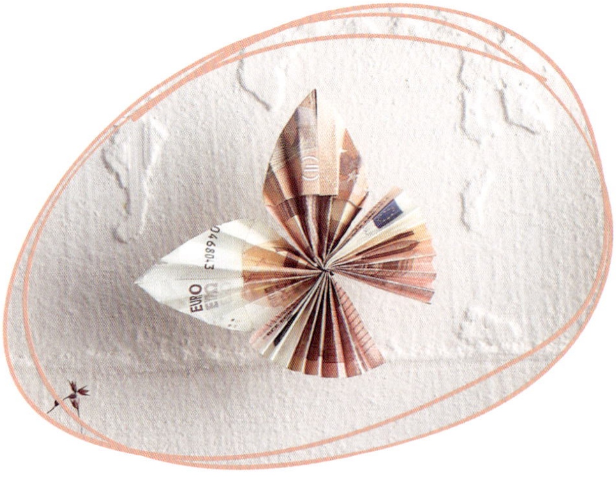

Reich verzierte Torte

Ein besonderes Geschenk

1. Alle Motivteile gemäß der Grundanleitung vom Vorlagenbogen abpausen, auf den Fotokarton übertragen und ausschneiden. Die Falzlinien (gestrichelte Linien in der Vorlage) leicht mit einem Cutter einritzen.

2. Kleben Sie mit Heißkleber die drei Tortenränder an die Zacken der Kreise. Die Enden zusammenkleben und anschließend die drei Tortenteile übereinander fixieren.

3. Den Chenilledraht gemäß der Abbildung mit Heißkleber auf die Tortenflächen kleben und die Enden abschneiden.

4. Drehen Sie ein Stück rosa Chenilledraht um einen Bleistift und ziehen Sie ihn ab. Diese Spirale kleben Sie nun oben als Kerzenständer mit Heißkleber auf die Torte. Einen 10 €-Schein zur Rolle drehen und mit Klebefilm fixieren. Zeichnen Sie mit einem schwarzen Fineliner den Docht auf die goldene Flamme. Formen Sie dann eine kleine Kugel Klebeknete, kleben Sie sie auf eine Öffnung der Geldscheinrolle und drücken Sie die Flamme in die Klebeknete. Die Kerze mit etwas Klebeknete in den Kerzenständer kleben.

MOTIVGRÖSSE:
30 cm x 15,5 cm

MATERIAL:
- Fotokarton in Rosa, DIN A2
- Fotokarton in Weiß, DIN A3
- Fotokarton in Gold, DIN A4
- Fotokartonrest in Gold
- Heißkleber
- 4x Chenilledraht in Weiß, 50 cm lang
- 6x Chenilledraht in Rosa, 50 cm lang
- Klebefilm
- Fineliner in Schwarz
- Klebeknete
- 12 Pompons in Weiß, ø 1 cm
- 8 Pompons in Rosa, ø 5 mm
- Buchstaben-Sticker „GRATULIERE" in Gold, 1,2 cm hoch
- 20 Sticker-Herzen in Gold und Rosa, 1,3 cm hoch
- Lackstift in Weiß
- 6 Seidenpapierrechtecke in Rosa, je 8 cm x 14 cm
- Nähgarn in Weiß
- Klebepads
- 1x 10 €-Schein
- 3x 50 €-Schein

VORLAGE:
Seite 84

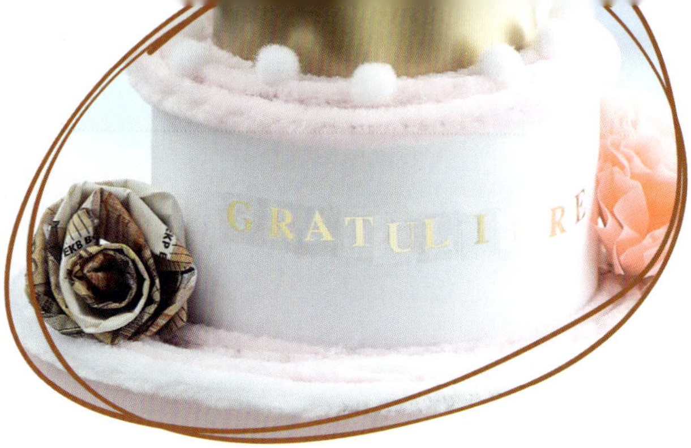

5. Jetzt verzieren Sie die Torte mit den rosa und weißen Pompons. Den Schriftzug „GRATULIERE" auf die Torte kleben. Die Sticker-Herzen auf der rosa Fläche verteilen und dazwischen mit einem weißen Lackstift Punkte aufmalen.

6. Für die Seidenpapierblume die sechs Seidenpapierrechtecke genau übereinanderlegen. Falten Sie sie längs in der Zickzackfaltung. Mit einem Zwirnfaden in der Mitte dreimal umwickeln und dreimal festknoten. Das Ende des Fadens abschneiden. Nun die Seiten auffalten. Die erste Lage vorsichtig nach oben ziehen, dann alle weiteren fünf Lagen nach oben ziehen. Nun die zweite Seite genauso arbeiten, bis die Blume fertig aufgefächert ist. Kleben Sie die fertige Blume mit Heißkleber auf die Torte.

7. Falten Sie nun die drei Geldscheine zu einer hübschen Rose. Dazu bei einem Schein die beiden langen Seiten aufeinanderfalten und wieder öffnen. Jetzt die untere und die obere Kante an die Mittellinie falten und noch einmal die beiden langen Seiten aufeinanderfalten. Jetzt haben Sie einen schmalen Streifen. Die anderen beiden Scheine ebenso falten und die drei Streifen mithilfe von Klebepads miteinander verbinden, indem Sie sie leicht überlappend ineinanderschieben.

8. Legen Sie die Streifenkette so vor sich, dass der geschlossene Teil oben liegt. Auf der linken Seite ein Stück schräg nach unten falten, etwa 1 cm über die untere Kante hinaus. Falten Sie noch einmal von links an der entstanden Kante nach rechts um. Halten Sie diese Faltung in der linken Hand, das wird die Mitte der Rose. Falten Sie nun den langen Streifen mit der rechten Hand schräg nach hinten weg. Jetzt den Streifen um die Mitte fest einrollen und dabei immer mal wieder die Faltung schräg nach hinten machen. Falten Sie so den ganzen Streifen zur Rosenblüte. Drücken Sie sie am Schluss noch etwas zurecht und fixieren Sie das Ende mit Klebefilm.

9. Kleben Sie zum Schluss auf die Geldrose ein Stück Klebeknete und geben Sie darauf einen Tropfen Heißkleber, mit dem Sie die Rose auf der Torte fixieren.

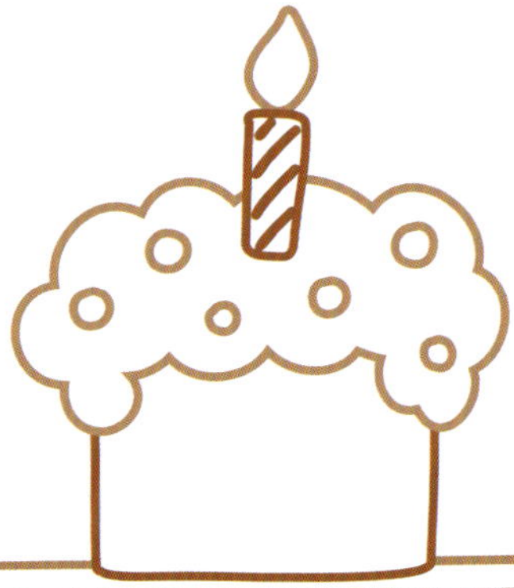

TIPP:
Sie können vor dem Zusammenkleben ein Geschenk in die Torte legen.

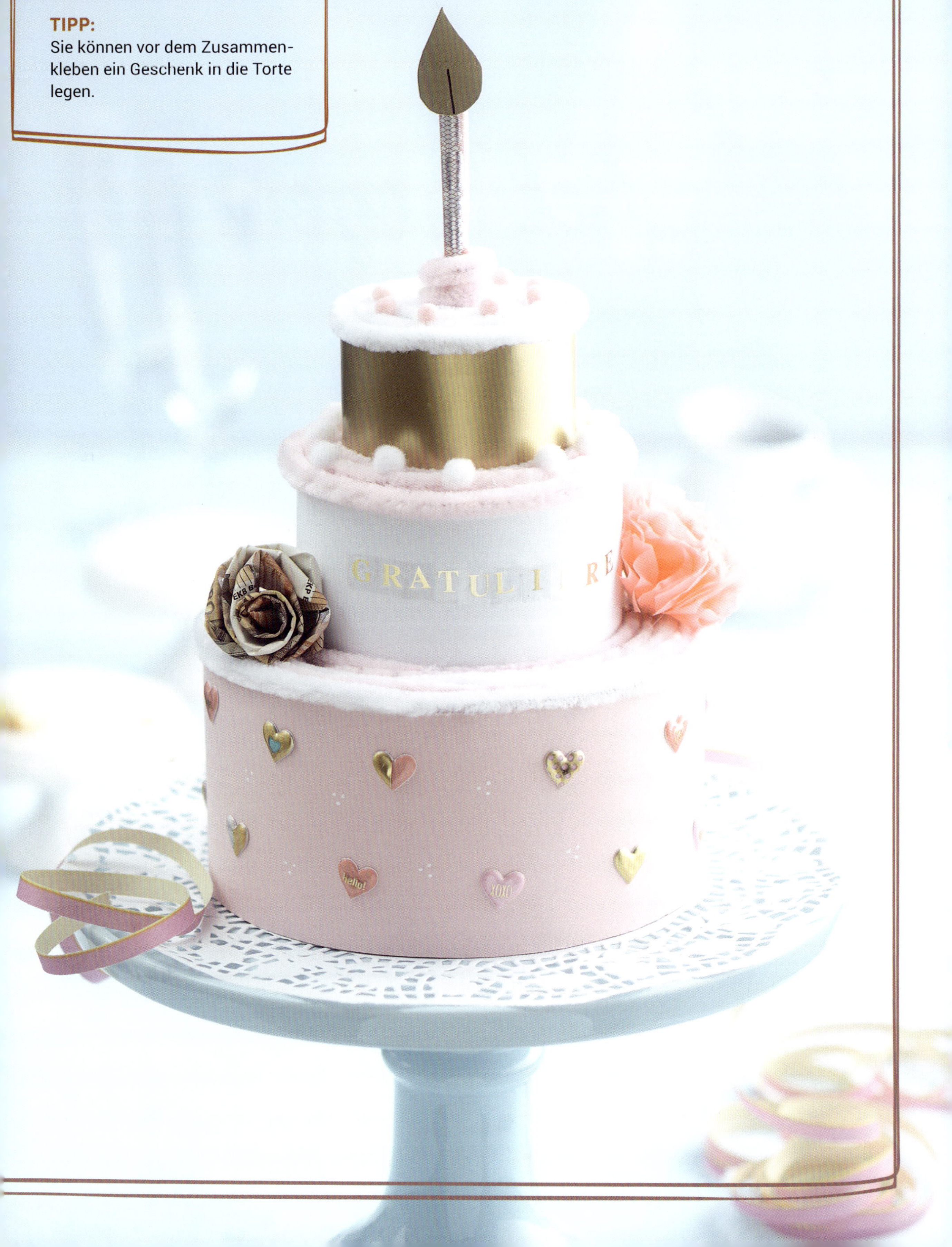

Geldregen

Unterstützung für Gartenfans

1. Alle Motivteile gemäß der Grundanleitung vom Vorlagenbogen abpausen, auf den Fotokarton übertragen und ausschneiden. Den Gießkannenkörper zweimal anfertigen.

2. Kleben Sie die Gießkannentülle und den Henkel hinter die Gießkanne. Den Gießkannenkörper von der Rückseite gegenkleben. Die Gießlöcher mit einem schwarzen Fineliner aufzeichnen. Auf beiden Seiten oben den weißen Rand und die Herzen aufkleben. Zwischen die Herzen schwarze Punkte setzen.

3. Zwei große weiße Kreise ausstanzen und diese bestempeln. Ringsherum kleine hellblaue und schwarze Filzstiftpunkte zeichnen. Eine schwarze Umrandung aufmalen. Die fertigen Kreise beidseitig auf die Gießkanne kleben.

4. Die drei 20 €-Scheine in Tropfenform falten. Falten Sie zuerst den Schein von rechts nach links zur Hälfte. Wieder auffalten. Nun beide obere Ecken zur Mitte zum Dreieck falten. Den unten überstehenden Geldstreifen hochfalten und dann nach hinten umfalten.

MOTIVGRÖSSE:
ca. 20 cm x 23 cm

MATERIAL:
- Fotokarton in Blau, DIN A4
- Fotokartonreste in Weiß und Hellblau
- Klebestift
- Fineliner in Schwarz
- Motivlocher: Kreis, ø 9 cm
- Stempel mit Schriftzug: Alles Liebe
- Stempelkissen in Schwarz
- Filzstift in Hellblau
- Klebefilm
- Nähgarn in Weiß
- 3x 20 €-Schein

VORLAGE:
Seite 81

TIPP:
Verzieren Sie die Gießkanne statt mit weißen mit bunten Herzen.

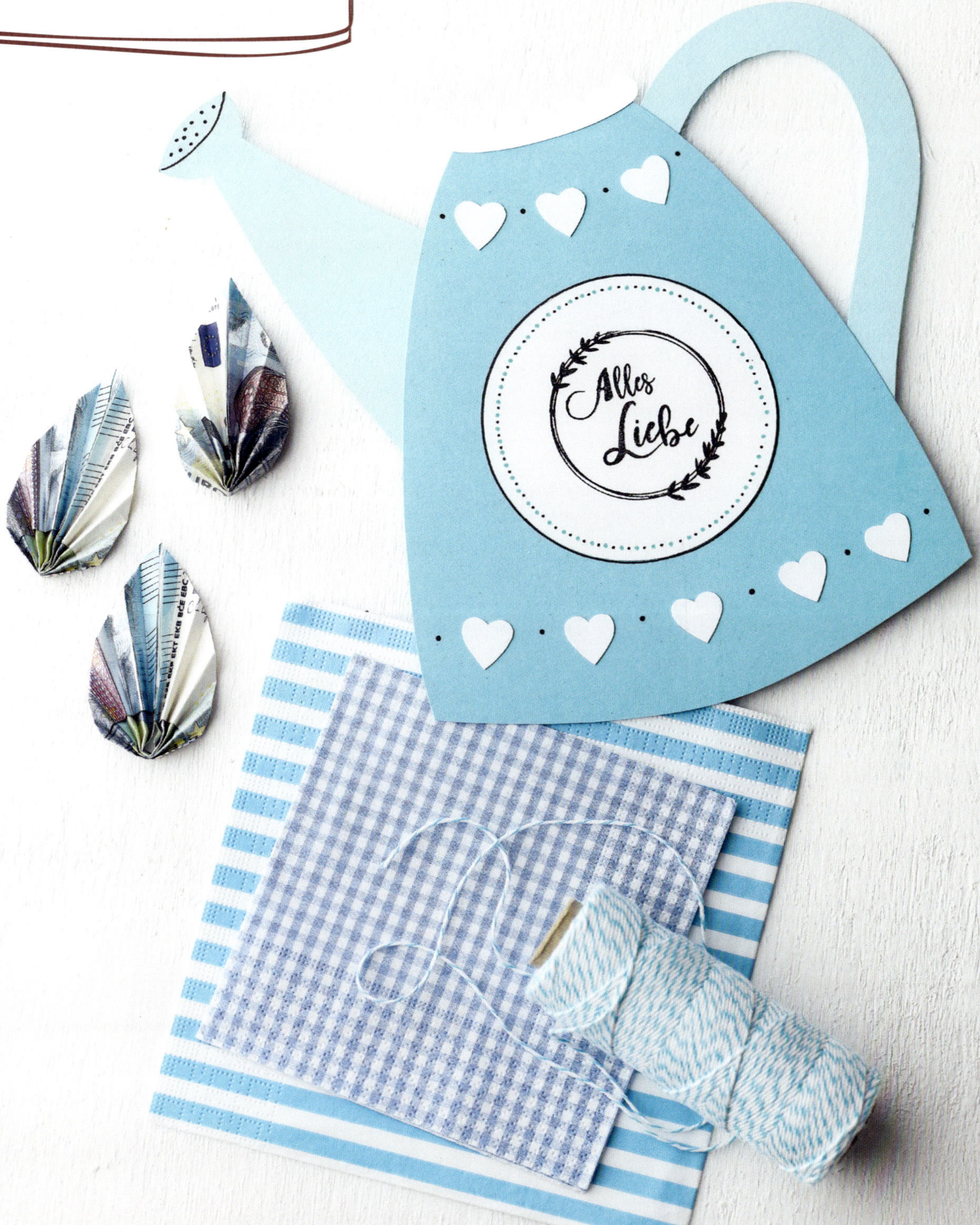

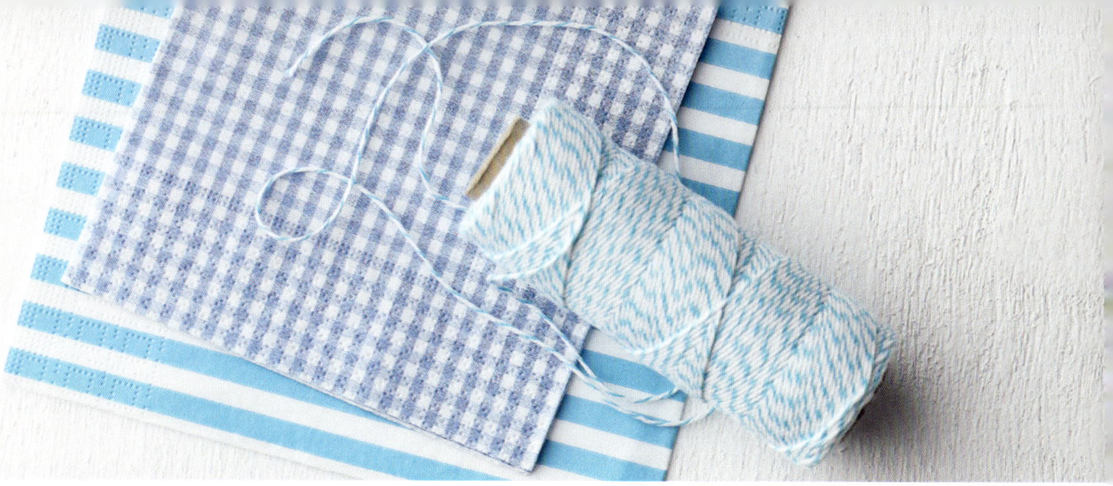

5. Jetzt das Dreieck so drehen, dass die Spitze nach unten zeigt. Dann die Spitze nach oben an den Rand knicken und wieder runter an den unteren Rand knicken. Drehen Sie den Geldschein um und falten Sie die obere Kante auf die untere Kante.

6. Den Geldschein wieder umdrehen und das mittlere kleine Dreieck mit der Spitze an den oberen Rand falten. Das Dreieck auffalten und bis zur mittleren Faltkante knicken, wieder umdrehen und anschließend alles im Zickzack zur Ziehharmonika falten.

7. Knicken Sie den Zickzackstreifen in der Mitte und falten Sie die beiden inneren Längsseiten nach oben zum Tropfen. Beide Längsseiten mit einem kleinen Stück Klebefilm zusammenkleben und dabei einen Aufhängefaden von ca. 20 cm Länge mit einkleben.

8. Zum Abschluss kleben Sie die drei Topfen in unterschiedlicher Höhe mit den Aufhängefäden hinter die Tülle der Gießkanne.

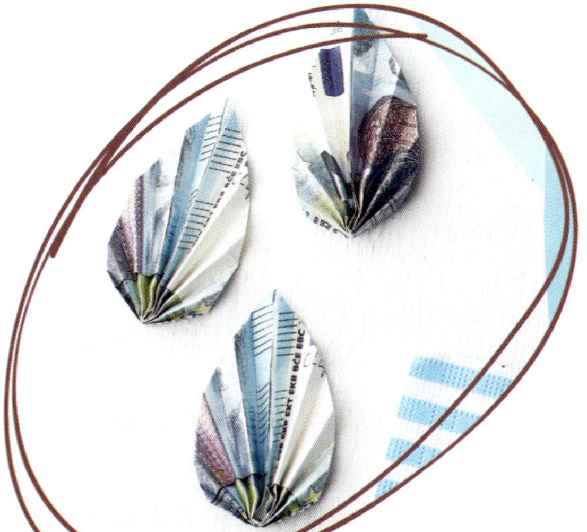

Vögel im Blütenring

Ein frühlingshafter Gruß

1. Den Vogel zweimal vom Vorlagenbogen abpausen, auf den Fotokarton übertragen und ausschneiden. Das eingezeichnete Loch im Bauch am besten mit einem Cutter heraustrennen.

2. Malen Sie den Vögeln auf beiden Seiten mit einem Fineliner jeweils ein schwarzes Auge auf. Verzieren Sie anschließend die Vögel mit weißen Lackstiftpunkten und malen Sie den Schnabel weiß. Je eine rosa Feder als Schwanz hinzufügen.

3. Falten Sie beide 5 €-Scheine in der Zickzackfaltung. Dazu falten Sie einen Schein zuerst viermal längs zur Mitte. Den Schein wieder auffalten und die vorgegebenen Linien nun abwechselnd zum Zickzack falten, also die erste Linie falten, den Schein umdrehen und wieder falten und so weiter bis zum Ende des Scheins. Den Zickzackschein so in der Mitte knicken, dass die Flügel entstehen.

MOTIVGRÖSSE:
ø ca. 20 cm

MATERIAL:
- Fotokartonrest in Weiß, Rosa und Mintgrün
- Metallring in Weiß, ø 20 cm
- Fineliner in Schwarz
- Lackstift in Weiß
- 2 Federn in Rosa
- Nähgarn in Weiß
- Nähnadel
- Motivlocher: Blume, ø 2,5 cm
- Locher
- Klebestift
- Heißkleber
- 2x 5 €-Schein

VORLAGE:
Seite 82

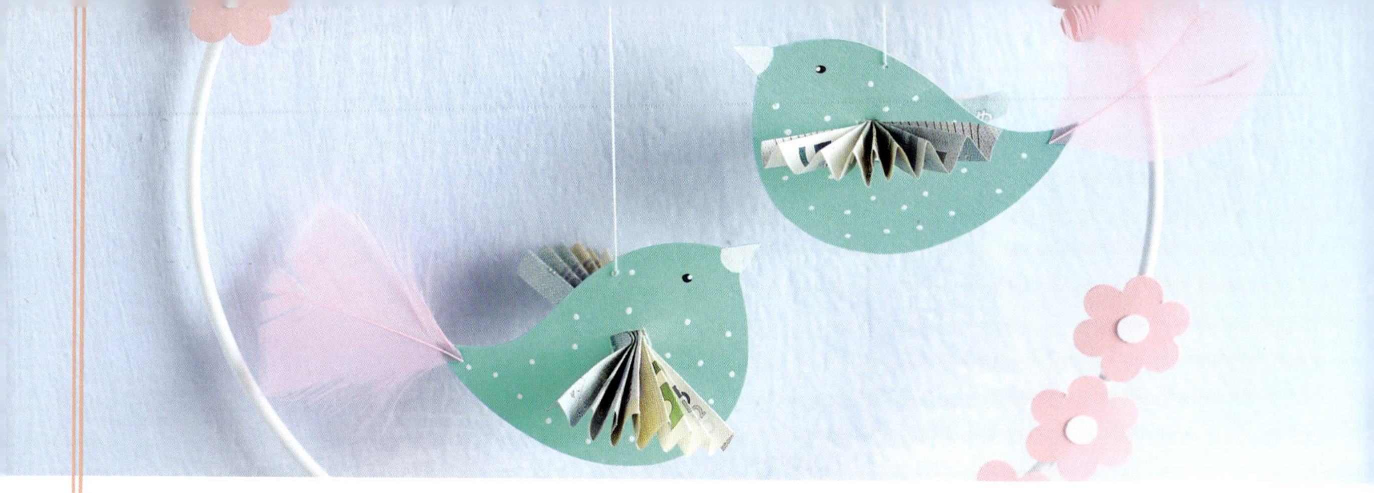

4. Jetzt die gefalteten Scheine in die eingeschnittenen Schlitze des Vogels schieben und an beiden Seiten zu Flügeln auffächern. Einen weißen Faden in eine Nähnadel einfädeln. Die Vögel jeweils mit Daumen und Zeigefinger ausbalancieren und einen Aufhängefaden durchstechen. Das Ende des Fadens am Ring festknoten.

5. Stanzen Sie elf Blumen in Rosa und elf weiße Locherkreise aus. Die weißen Punkte mittig auf die rosa Blüten kleben. Kleben Sie die Blüten gemäß der Abbildung mit Heißkleber auf den Ring, dabei auf die beiden Fadenknoten auch eine Blüte kleben.

6. Zum Schluss binden Sie noch einen Aufhängefaden an den Kreis und das frühlingshafte Modell ist bereit zum Verschenken.

TIPP:
Wenn Sie es gerne bunter mögen, stanzen Sie die Blumen in verschiedenen Farben aus.

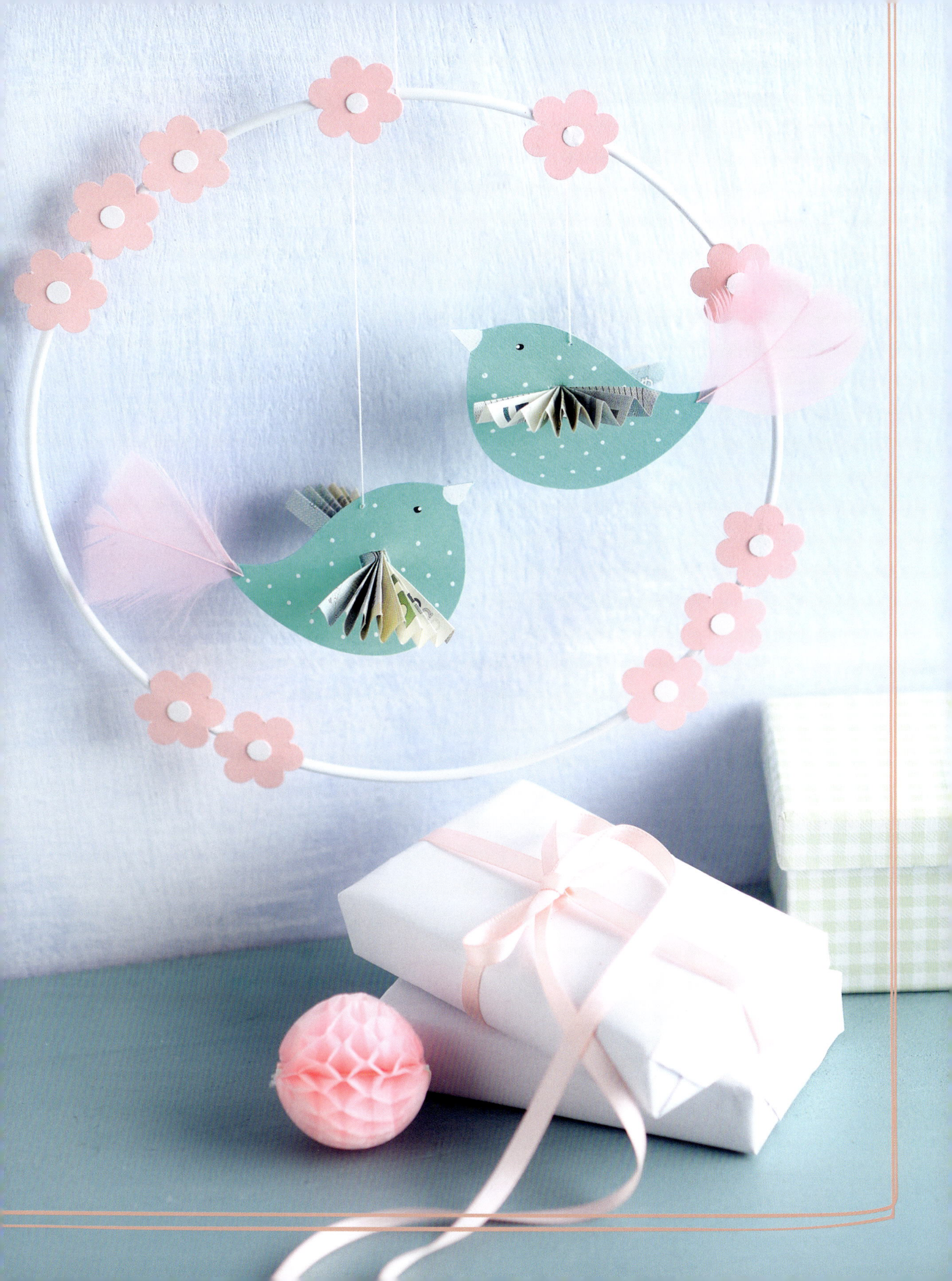

Gut gefülltes Tortenstück

Dieses Stück Torte nimmt jeder gern

1. Alle Motivteile gemäß der Grundanleitung exakt vom Vorlagenbogen abpausen, auf den Fotokarton übertragen und ausschneiden. Dabei sind ein Lineal und ein Cutter mit Schneideunterlage hilfreich. Die gestrichelten Linien auf der Vorlage sind Faltkanten. Hier setzen Sie den Cutter nur leicht auf und ritzen den Fotokarton ein, damit er sich leichter falten lässt.

2. Beide Klebeflächen an der Faltkante nach unten knicken und die Längsseiten der Torte ankleben. Anschließend kleben Sie eine Seite des Tortenstücks oben und unten an die Klebefläche der Oberseite.

3. Legen Sie nun den gewünschten Geldbetrag in das Tortenstück. Jetzt die zweite Längsseite mit der Klebefläche ankleben, dabei die Klebefläche nach innen drücken.

4. Pro Tortenstück fixieren Sie jeweils zwei rosa und dunkelbraune Streifen als Tortenschichten auf beiden Seiten. Verzieren Sie den dunkelbraunen Steifen mit einem weißen Lackstift.

5. Als krönenden Abschluss einen rosa Pompon auf das Tortenstück kleben und den Sticker platzieren.

MOTIVGRÖSSE:
ca. 13 cm x 8 cm

MATERIAL:
- Fotokarton in Weiß, DIN A2
- Fotokartonreste in Rosa und Dunkelbraun
- Klebestift
- Lackstift in Weiß
- Pompon in Rosa, ø 2,5 cm
- Sticker „Happy Birthday" in Gold-Weiß, 1,5 cm hoch
- Geldbetrag nach Wunsch im Tortenstück

VORLAGE:
Seite 88

TIPP:
Überreichen Sie das Tortenstück auf einer Tortenspitze zusammen mit echtem Kuchen auf einer hübschen Tortenplatte.

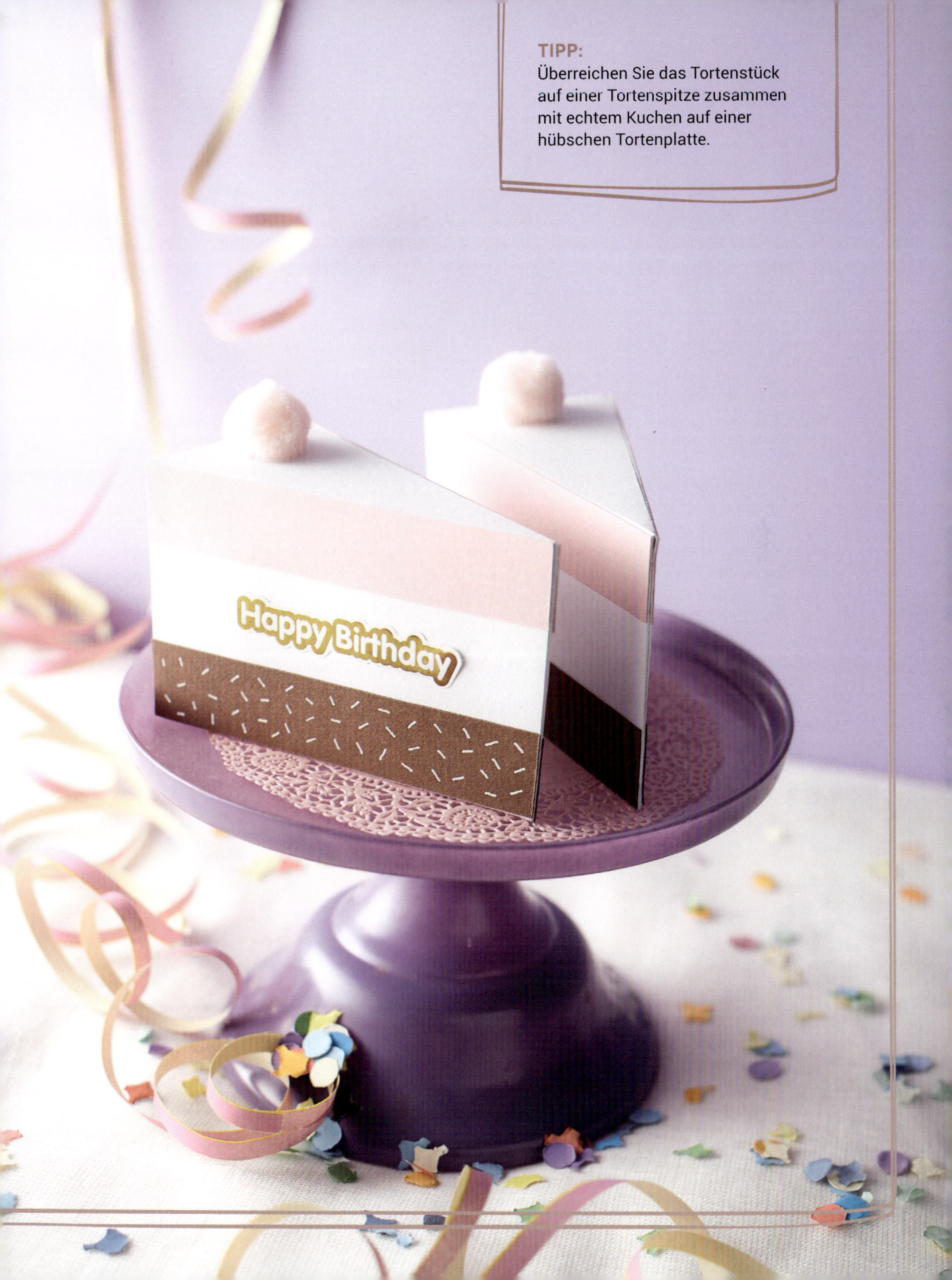

Muffin mit Sahnehäubchen

Ein Mitbringsel zum Kaffeeklatsch

1. Alle Motivteile gemäß der Grundanleitung vom Vorlagenbogen abpausen, auf den Fotokarton übertragen und ausschneiden.

2. Die Rauten im Muffinförmchen mithilfe von Lineal und Cutter auf einer geeigneten Schneideunterlage herausschneiden. Dahinter kleben Sie mit Klebefilm einen 10 €-Schein fest. Zwischen den Rauten kleine rote Herzen platzieren.

3. Kleben Sie den dunkelbraunen Muffin so hinter das goldene Förmchen, dass die beiden Ecken auf dem Förmchen liegen. Die Sahnewolken oben und mittig aufkleben. Zeichnen Sie mit einem roten Fineliner Verzierungen auf die Sahnewolken und befestigen Sie anschließend den goldenen Sticker.

4. Fixieren Sie nun alle roten Kreise auf dem Muffin und kleben Sie mit Heißkleber eine 2 €-Münze in den Kreis auf dem Sahnehäubchen. In die übrigen Kreise kleben Sie 1 €-Münzen.

5. Zur Stabilisierung eine Rückwand aus dem weißen Fotokarton herstellen und nur punktuell von hinten an den Muffin kleben, aber nicht auf den Schein, damit dieser gut entnommen werden kann.

MOTIVGRÖSSE:
ca. 27,5 cm x 25 cm

MATERIAL:
- Fotokarton in Weiß, DIN A3
- Fotokarton in Dunkelbraun und Gold, DIN A4
- Fotokartonreste in Rot
- Klebefilm
- Klebestift
- Fineliner in Rot
- Sticker „Alles Liebe"
- Heißkleber
- 6x 1 €-Münze
- 1x 2 €-Münze
- 1x 10 €-Schein

VORLAGE:
Seite 85

TIPPS:

Den Schriftzug können Sie auch mit einem goldfarbenen Stift aufzeichnen.

Sie können hinter die Rauten auch einen anderen Geldschein kleben.

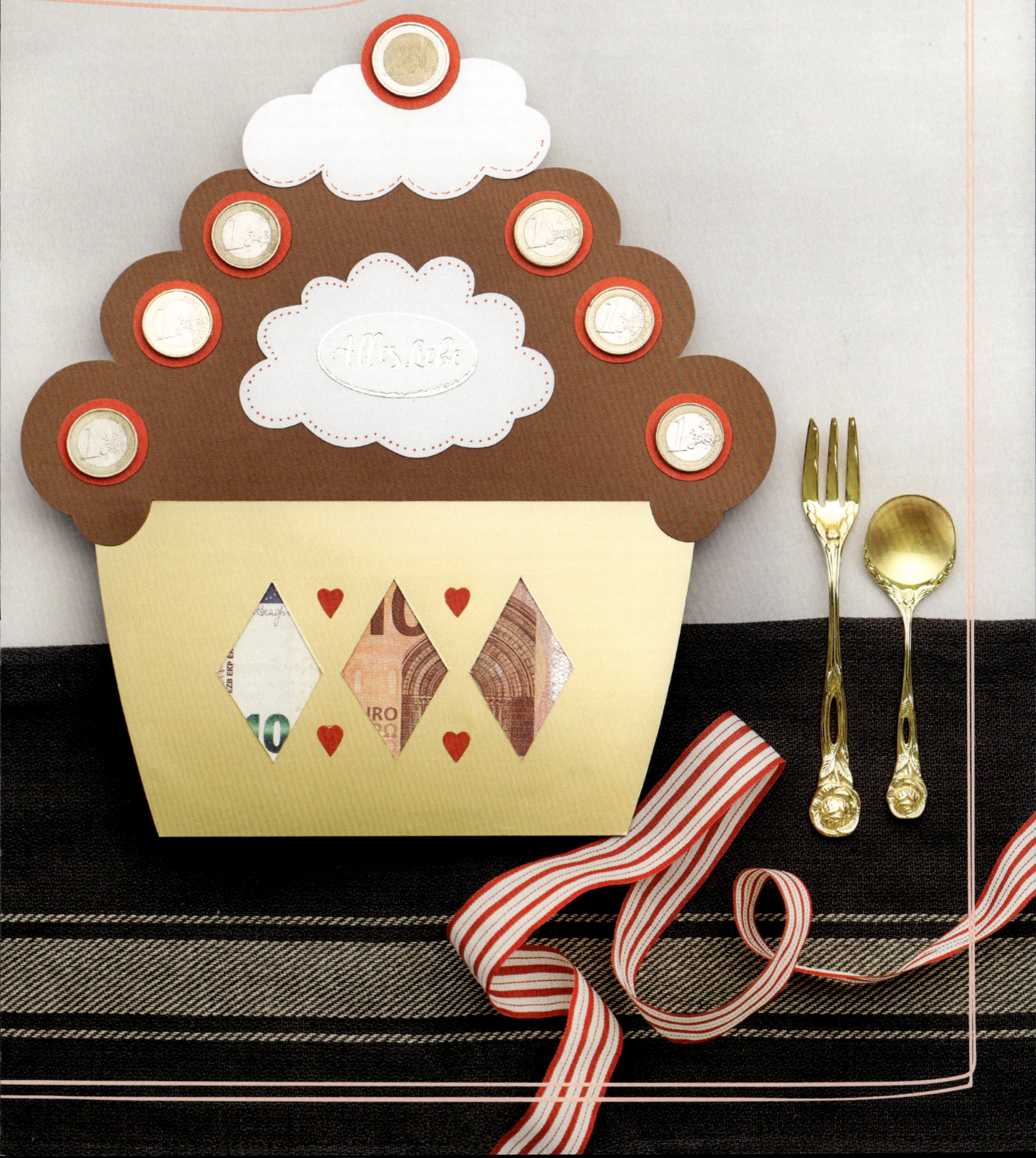

Dekorativer Blumenstrauß

Ein besonderer Hingucker bei jedem Fest

1. Binden Sie zuerst den Strauß aus den Trockenblumen: Den Blumendraht oben durch jeweils einen Strohblumenkopf stechen, umbiegen und wieder durch die Blume stechen. Wickeln Sie den Draht unterhalb der Blüte um den Stiel. Auf diese Weise alle sechs Strohblumen mit einem Draht versehen.

2. Legen Sie nun die Trockenblumen in Gruppen sortiert vor sich auf den Tisch. In eine Hand nehmen Sie die Hortensie am Stiel. Nun mit der anderen Hand nacheinander die verschiedenen Stiele hinzufügen. Dabei den Kopf der Blumen nach links und den Stiel nach rechts legen. Öffnen Sie den Daumen und legen Sie die nächste Trockenblume spiralförmig an. Zwischendurch den Strauß ein bisschen drehen, damit er ein volles Aussehen bekommt.

3. Wenn der Strauß fertig ist, wickeln Sie unten mehrmals ein Bastband um alle Stiele, ziehen es fest nach und machen einen Doppelknoten. Dann mit einer Schere die Stiele auf eine Länge kürzen.

4. Fixieren Sie abschließend den Strauß mit etwas Haarspray.

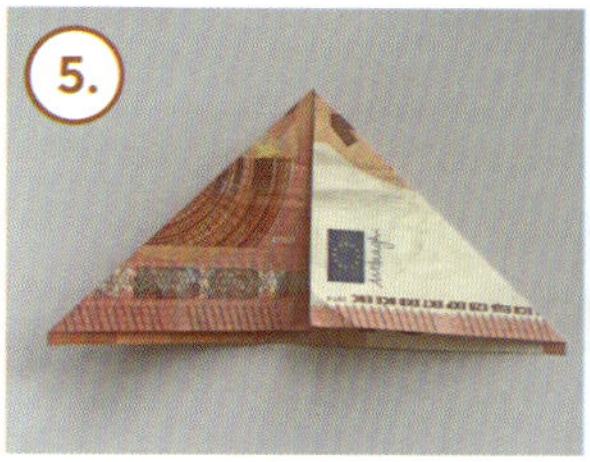

5. Jetzt falten Sie sechs Geldblüten aus den 10 €-Scheinen. Falten Sie zuerst beide schmalen Seiten des Scheins aufeinander und öffnen Sie sie wieder. Jetzt die obere rechte und linke Spitze zum Dreieck an die Mittellinie knicken. Den schmalen unteren Rand nach oben knicken und hinter die beiden Seiten des Dreiecks

MOTIVGRÖSSE:
ca. 30 cm x 22 cm

MATERIAL:
- 5 Strandflieder
- 8 Pampasgräser in Beige
- 3 Strohblumen in Rosa, ø 3–4 cm
- 3 Strohblumen in Creme, ø 3–4 cm
- 5 Lagurus in Rosa
- 5 Lagurus in Creme
- 1 Hortensie in Bordeaux
- 9 Blätter in Bordeaux
- 12x Blumendraht in Grün, ø 1 mm, 30 cm lang
- Bastband in Beige, 50 cm lang
- Haarspray
- Zwirn in Weiß
- 6 Wachsperlen in Weiß, ø 0,7 mm
- Heißkleber
- 6x 10 €-Schein

TIPP:
Der Strauß sieht später auch ohne Geldblüten toll in einer Vase aus.

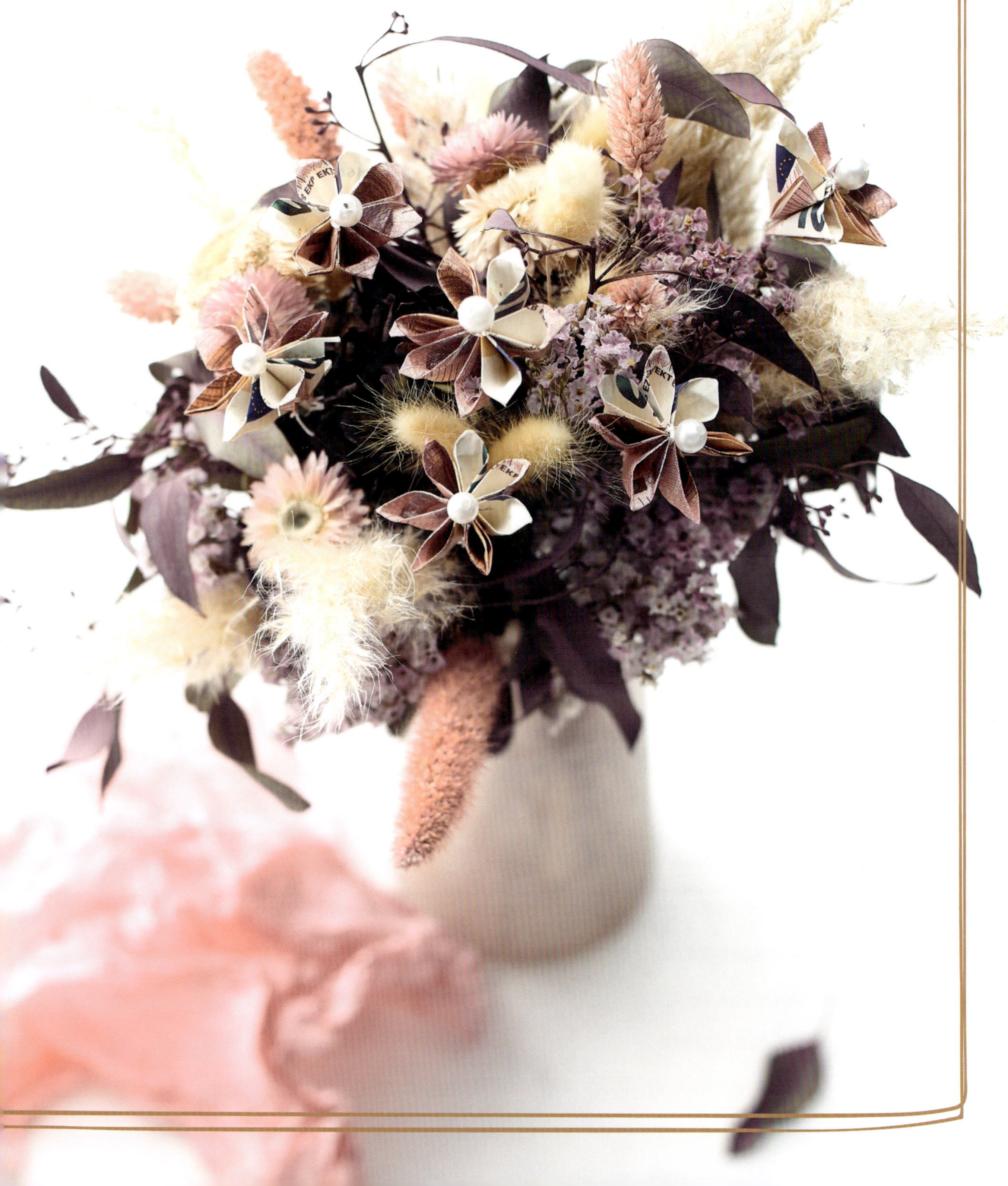

legen. Dazu öffnen Sie die beiden Dreiecke noch einmal und falten Sie dann wieder zurück.

6. Jetzt die rechte und linke Spitze des Dreiecks nach oben zur Spitze knicken. Den Schein bis auf den schmalen Streifen wieder öffnen.

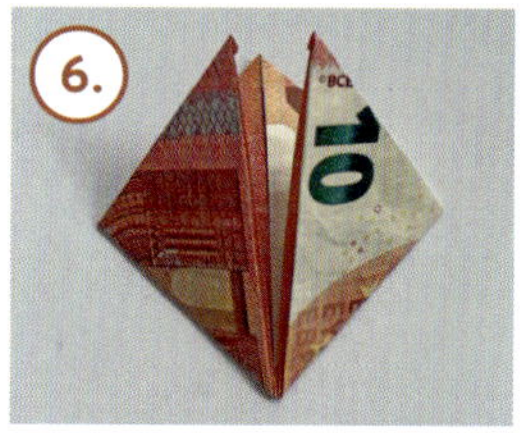

7. Falten Sie den Schein längs zur Hälfte und öffnen Sie ihn wieder.

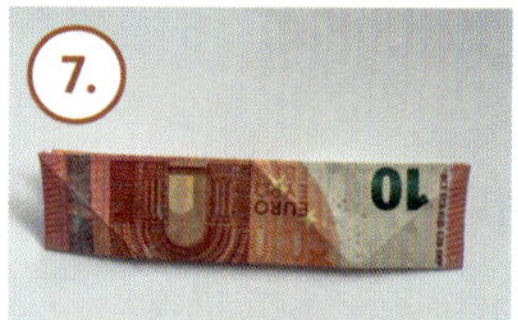

8. An den beiden Längsseiten die Ecken zum Dreieck zur Mittellinie falten. Den Schein in der Mitte zusammenfalten.

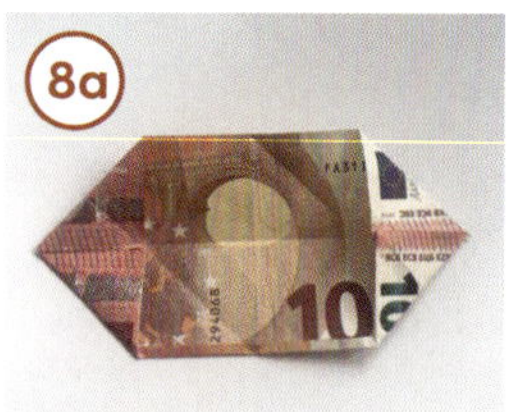

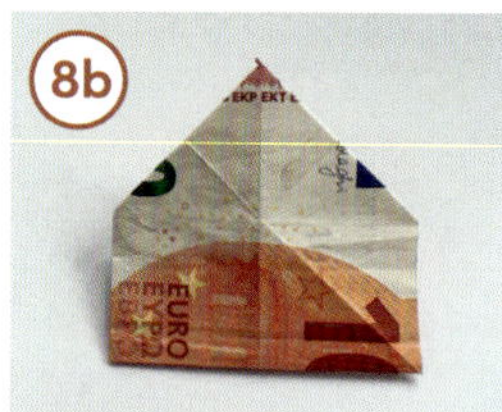

9. Legen Sie den Schein mit der Spitze nach unten zeigend vor sich und falten Sie die rechte und linke obere Ecke zur Mitte, sodass ein Quadrat entsteht. Diese Faltung wieder öffnen.

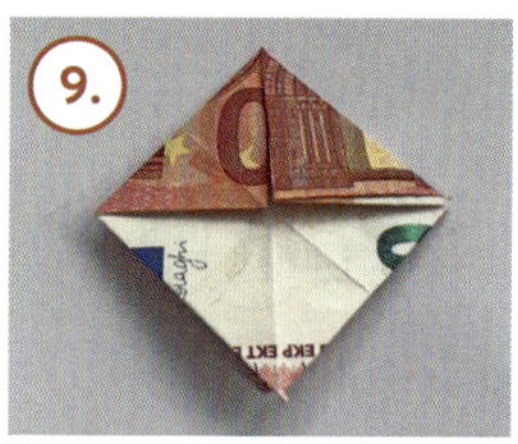

10. Nun auch die Mittelfaltung wieder öffnen und die schrägen Linien in der Mitte des Scheins noch einmal nachfalten.

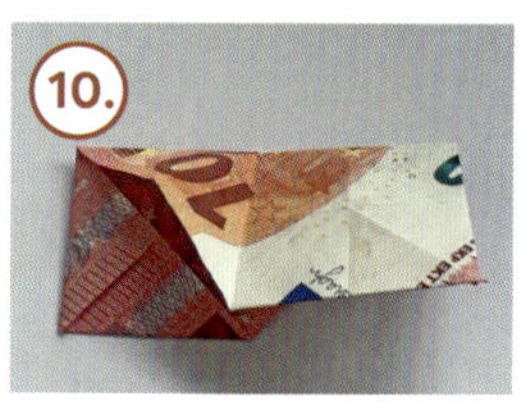

11. Den Schein wieder auffalten und nun von den Rändern her vorsichtig zum Viereck zusammendrücken.

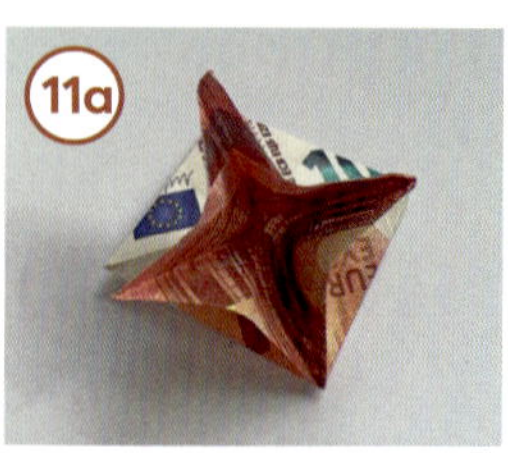

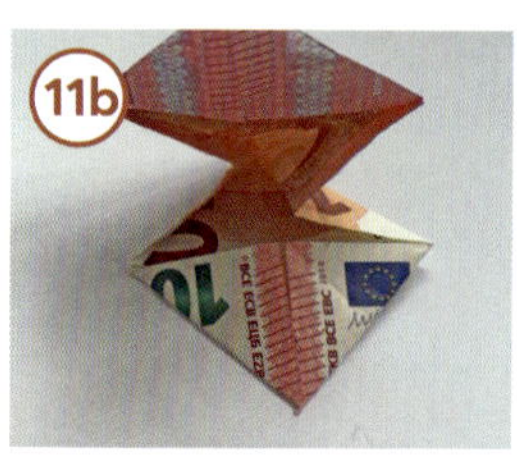

12. Jetzt drücken Sie auf beiden Seiten die Quadrate zu einer Blüte zusammen.

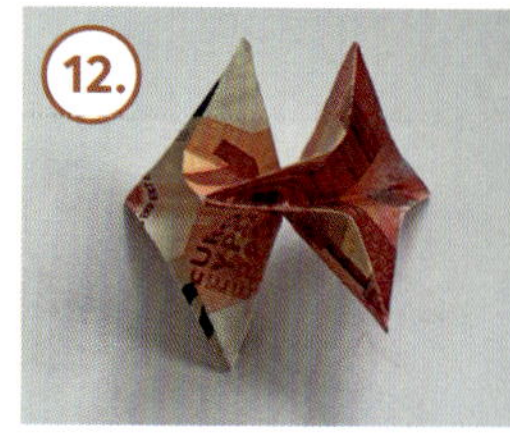

13. Diese Blüten übereinander zu einem Dreieck zusammenlegen. Mit einem Zwirnfaden das Dreieck mehrmals umwickeln und den Faden festknoten.

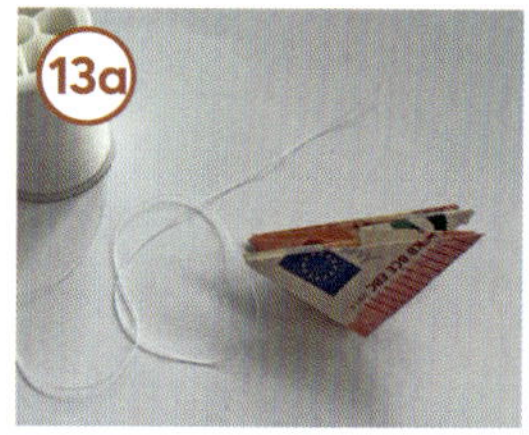

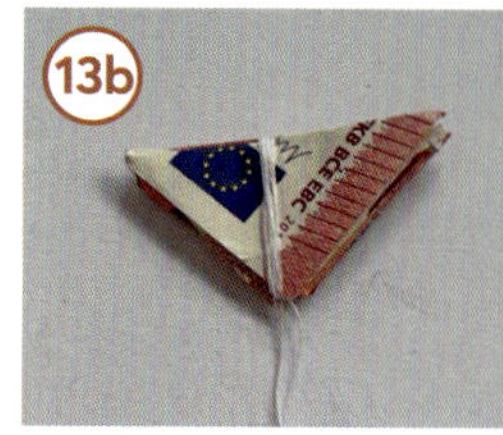

14. Die einzelnen Blütenblätter auffalten und oben an der Spitze leicht nach außen umknicken.

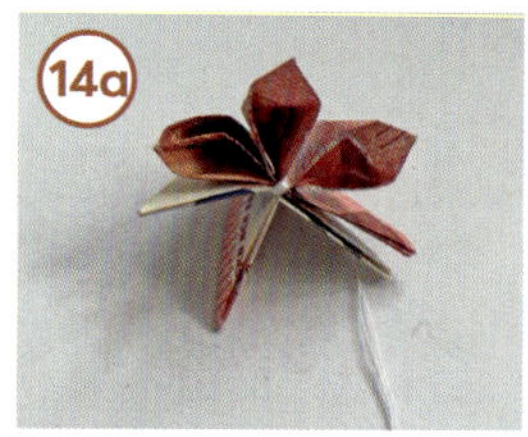

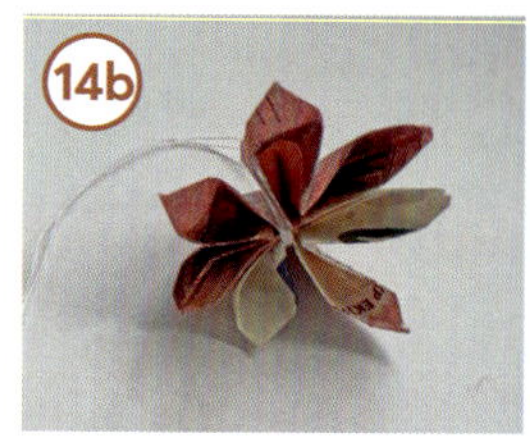

15. Die Blüten im Zwischenraum öffnen und hier an einer Seite einen Drahtstab einlegen, sodass er oben ca. 3 mm herausschaut. Unten mit dem Band die Blüte an den Draht binden und mit sehr wenig Heißkleber fixieren. Geben Sie oben auf den Draht einen Minklecks Heißkleber und stecken Sie die weiße Wachsperle auf. Fertigen Sie auf diese Weise alle sechs Blüten an.

16. Die fertigen Blumen verteilt in den Strauß stecken – und der Strauß ist fertig zum Verschenken!

Farbenfroher Fesselballon

Hier fliegen Wünsche in die Luft

1. Die Styroporkugel mit Acrylfarbe in Bordeaux bemalen und trocknen lassen. Die vier Schaschlikstäbchen in Rosa anmalen und ebenfalls trocknen lassen.

2. Für den Korb kleben Sie das Korkpapier auf hellbraunen Fotokarton und legen dann erst die Schablone auf, die Sie von der Vorlage erstellt haben. Die Schablone mit einem Stift umranden und das Motiv ausschneiden. Die Seitenlinien leicht mit einem Cutter einritzen, damit sie sich besser knicken lassen. Anschließend den Korb zusammenkleben.

3. Vom Dreieck für die Girlande eine Schablone anfertigen und jeweils sechsmal auf die Fotokartonreste übertragen und ausschneiden. Legen Sie sich nun zwei Zwirnfäden von 33 cm und 40 cm Länge zurecht und kleben Sie im Abstand von 4 mm die Dreiecke an den Fäden fest. Wählen Sie folgende Farbreihenfolge: Rosa, Hellblau, Pink, Hellbraun – und dann wiederholen.

4. Die Girlanden gemäß der Abbildung um den Fesselballon kleben und mittig abwechselnd die Sticker aufbringen. Kleben Sie anschließend mit Heißkleber die vier Schaschlikstäbchen in alle vier Ecken des Korbs und stecken Sie oben die fertige Kugel auf.

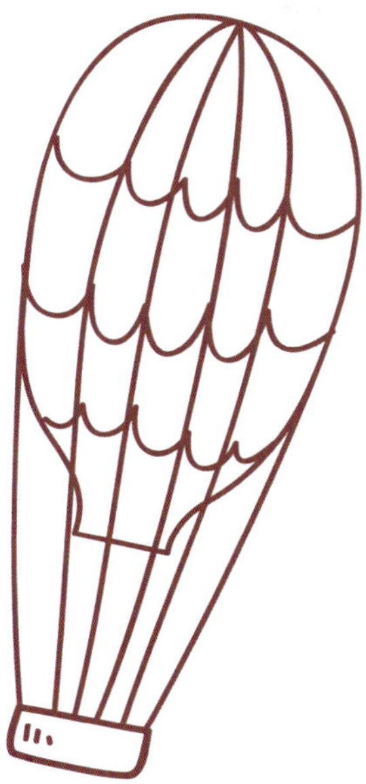

MOTIVGRÖSSE:
ca. 12 cm x 27 cm

MATERIAL:
- Styroporkugel, ø 12 cm
- Acrylfarbe in Bordeaux und Rosa
- Pinsel
- Fotokarton in Hellbraun, DIN A4
- Korkpapier, DIN A4
- Klebestift
- Fotokartonreste in Rosa, Hellbraun, Pink und Hellblau
- Zwirnfaden in Weiß
- Sticker in Gold: 4x „Alles Gute“, 4x Kleeblatt, je 1,5 cm hoch
- 4 Schaschlikstäbchen
- 6 Seidenpapierrechtecke in Rosa, je 8 cm x 14 cm
- Klebefilm
- 1x 10 €-Schein

VORLAGE:
Seite 91

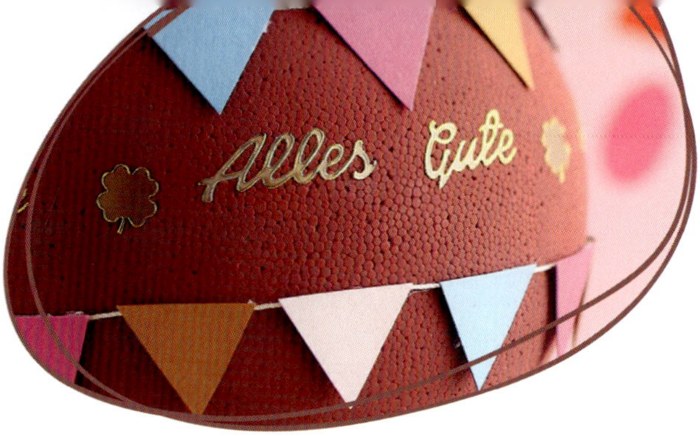

5. Für die Seidenpapierblume sechs Seidenpapierrechtecke von 8 cm x 14 cm zuschneiden. Diese sechs Blätter genau übereinanderlegen. Falten Sie sie längs in der Zickzackfaltung. Mit einem Zwirnfaden in der Mitte dreimal umwickeln und dreimal festknoten. Das Ende des Fadens abschneiden. Nun die Seiten auffalten. Die erste Lage vorsichtig nach oben ziehen, dann alle weiteren fünf Lagen nach oben ziehen. Nun die zweite Seite genauso arbeiten, bis die Blume fertig aufgefächert ist.

6. Falten Sie zum Schluss den 10 €-Schein in der Zickzackfaltung und kleben Sie ihn unten mit einem Klebefilmstreifen zusammen. Kleben Sie ihn in den Korb und legen Sie die Blume dazu. Jetzt kann der Fesselballon abheben zum Verschenktwerden!

TIPP:
Sie können den Korb nach Wunsch auch mit weiteren gefalteten Geldscheinen bestücken.

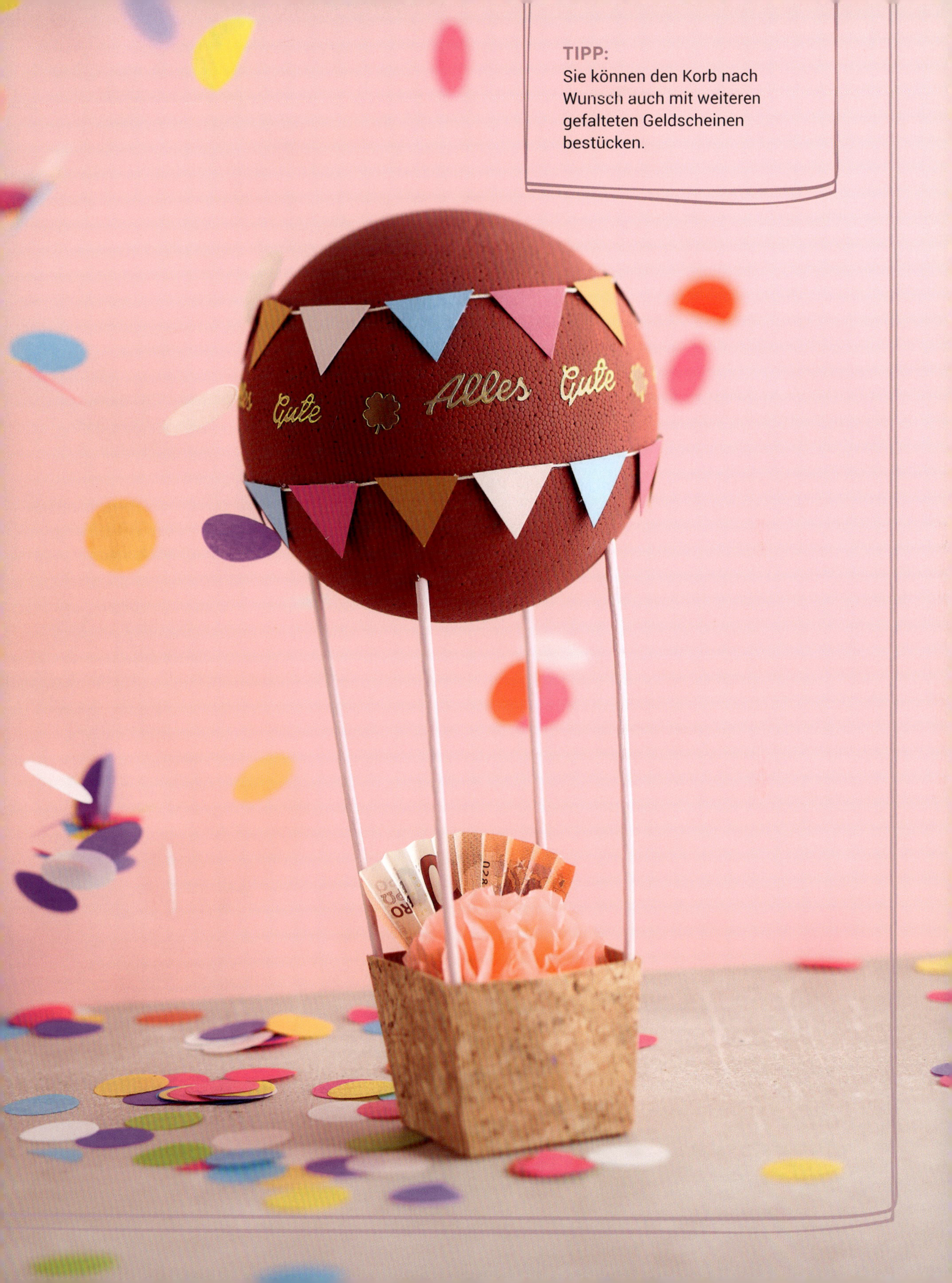

Ein kleiner grüner Kaktus

Ein tolles Geburtstagsgeschenk

1. Alle Motivteile gemäß der Grundanleitung vom Vorlagenbogen abpausen, auf den Fotokarton übertragen und ausschneiden.

2. Stanzen Sie die Blumen und Locherpunkte aus und kleben Sie die Teile zu drei Blüten zusammen. Zwei Blumen oben auf den Kaktus kleben und den Fotokartontopf an den Kaktus kleben.

3. Nun zwei 5 €-Scheine längs in der Mitte falten. Falten Sie oben die beiden Ecken zu einem Dreieck nach hinten. Kleben Sie ein Stück Klebefilm gerollt in die Faltung, damit sich der Schein nicht öffnet. Legen Sie einen der Scheine längsseitig mit den Dreieckfaltungen nach oben zeigend vor sich. Von rechts nach oben knicken, damit der Schein die typische Kaktus-Biegung erhält. Jetzt beide Scheine mit Klebefilm auf den grünen Fotokartonkaktus kleben.

4. Das Blumentopfloch mit Klebefilm zukleben. Den Kaktus gerade in den Blumentopf einklemmen. Nun den Topf mit Sand auffüllen und oben mit Moos dekorieren.

5. Abschließend binden Sie aus dem Schleifenband eine Schleife und kleben sie zusammen mit der großen Blume an den Blumentopfrand.

MOTIVGRÖSSE:
ca. 21 cm x 12 cm hoch

MATERIAL:
- Fotokarton in Hellgrün und Türkis, DIN A5
- Fotokartonrest in Rosa, Gelb und Pink
- Motivlocher: Blume, ø 2,5 cm
- Locher
- Klebestift
- Blumentopf in Beige, ø 12 cm, 10 cm hoch
- Klebefilm
- Vogelsand
- Moos in Grün
- Schleifenband in Dunkelgrün, 2 cm breit, 40 cm lang
- 2x 5 €-Schein

VORLAGE:
Seite 83

TIPPS:
Gestalten Sie die Rückseite des Kaktus auf die gleiche Weise mit zwei weiteren 5 €-Scheinen. Dann sieht der Topf von beiden Seiten schön aus.

Alternativ können Sie das Motiv auch ohne Blumentopf arbeiten.

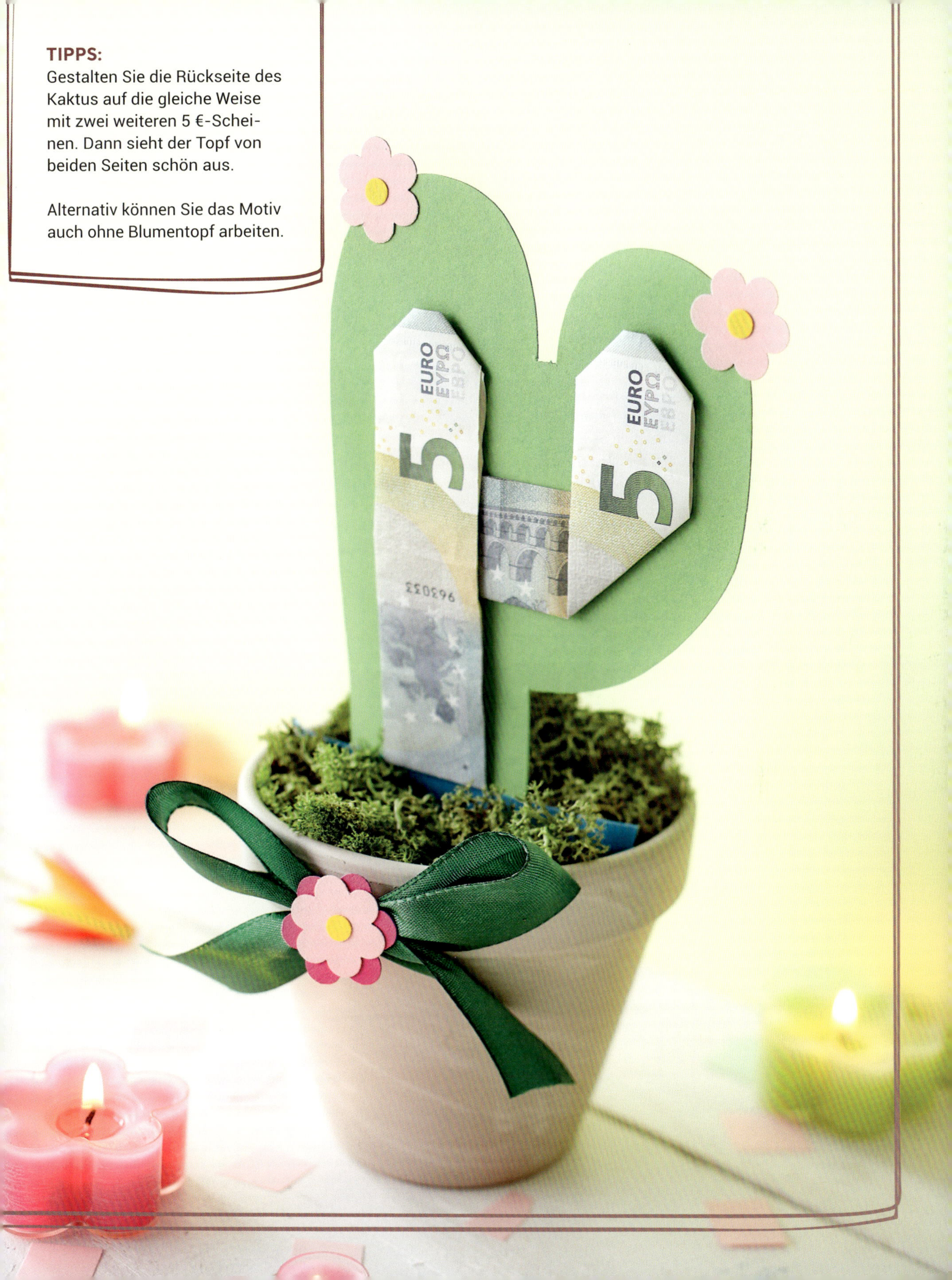

Torte mit Geburtstagskerzen

Herzlichen Glückwunsch

1. Alle Motivteile gemäß der Grundanleitung vom Vorlagenbogen abpausen, auf den Fotokarton übertragen und ausschneiden. Aus dem weißen Fotokarton fertigen Sie die Klappkarte an. Dazu die Hälfte der 38 cm breiten Seite abmessen, die Mittellinie einzeichnen und falzen. Dabei sind ein Lineal und ein Falzbein hilfreich. Anschließend die Karte falten.

2. Kleben sie nun die Torte zusammen. Auf die goldene Tortenplatte die pinke Torte kleben. Setzen Sie die mit goldenen Lackstiftlinien verzierte Sahne darauf. Anschließend das rosa Tortenstück und den rosa Deckel platzieren.

3. Kleine goldene Herzen auf das rosa Tortenstück aufkleben. Verzieren Sie die Torte mit einem weißen Lackstift gemäß der Abbildung.

4. Kleben Sie die Torte auf die weiße Karte.

5. Jetzt die 10 €-Scheine jeweils um einen runden Bleistift rollen, mit einem Streifen Klebefilm zusammenkleben und vorsichtig vom Stift abziehen. Drücken Sie die Geldrollen oben an einer Seite mit dem Finger ein, sodass sie wie eine Kerze aussehen.

6. Kleben Sie die Kerzen mit einer Rolle Klebefilm nebeneinander auf die Torte. Auf die Kerzenscheinflammen malen Sie mit dem weißen Lackstift jeweils einen Docht, bevor Sie sie oben nur an der Spitze an die Kerzen kleben.

MOTIVGRÖSSE:
ca. 19 cm x 27 cm

MATERIAL:
- Fotokarton in Weiß, 38 cm x 27 cm
- Fotokartonreste in Weiß, Rosa, Pink und Gold
- Klebestift
- Lackstift in Weiß und Gold
- runder Bleistift
- Klebefilm
- 6x 10 €-Schein

VORLAGE:
Seite 90

TIPP:
Schreiben Sie einen persönlichen Glückwunsch auf die Sahne. Oder verzieren Sie diese Fläche mit einem Stempelmotiv Ihrer Wahl.

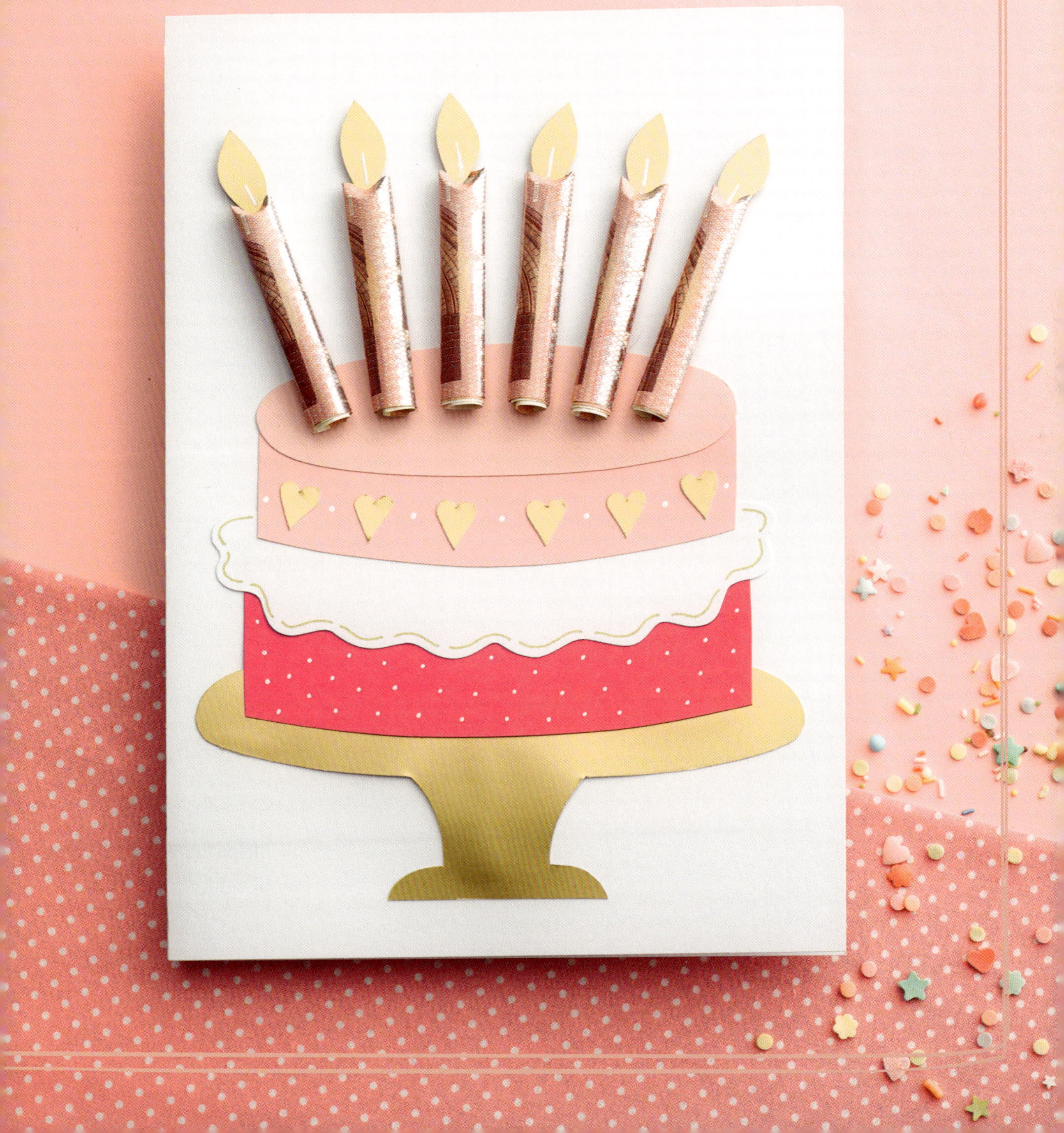

Fröhlich-gepunktete Raute

Eine kleine Geldüberraschung

1. Alle Motivteile gemäß der Grundanleitung vom Vorlagenbogen abpausen, auf den Fotokarton übertragen und ausschneiden. Die Formen beide zu Kegeln rollen. Auf der Innenseite der Tüte jeweils ein Band von 30 cm Länge an die Spitzen kleben. Anschließend die Spitztüten mit Heißkleber zusammenkleben.

2. Legen Sie den gewünschten Geldbetrag in eine Spitze hinein. Bestreichen Sie den Rand der einen Spitze mit Heißkleber und kleben Sie die zweite Spitze auf die erste.

3. Die 1 Cent-Münzen mit Heißkleber locker verteilt auf die Raute kleben.

4. Verzieren Sie nun die Raute mit ausgestanzten Locherpunkten in Rosa, Hellgrün und Hellblau. Verdecken Sie dabei auch komplett die Klebenaht in der Mitte und wechseln Sie die Farben gleichmäßig ab.

5. Fädeln Sie auf den oberen Faden drei kupferfarbene Perlen auf. Stempeln Sie den Schriftzug auf das weiße Schild und zeichnen Sie mit einem schwarzen Fineliner Punkte in die Ecken. Den unteren Faden 4 cm von der Rautenspitze entfernt auf die Rückseite des Schildes legen. Klebstoff darauf geben und das zweite Schild ankleben.

6. Die drei bunten Perlen fädeln Sie auf den restlichen Faden, verknoten den Faden und fixieren ihn mit einem Klebstoffpunkt. Das Fadenende abschneiden. Jetzt ist die Raute bereit zum Verschenken!

MOTIVGRÖSSE:
ca. 10 cm x 20 cm

MATERIAL:
- Fotokarton in Weiß und Grau, DIN A4
- Fotokartonreste in Rosa, Hellblau und Hellgrün
- Heißkleber
- dickeres Nähgarn in Weiß
- Locher
- Klebstoff
- 3 Perlen in Kupfer, ø 1 cm
- Stempel mit Schriftzug: statt Blumen
- Stempelkissen in Schwarz
- 1 Perle in Hellgrün, ø 1 cm
- 1 Perle in Rosa, ø 1 cm
- 1 Perle in Hellblau, ø 1 cm
- 16x 1 Cent-Münze
- Geldbetrag nach Wunsch

VORLAGE:
Seite 82

TIPP:
Stanzen Sie die Locherpunkte aus andersfarbigem Fotokarton aus, zum Beispiel aus den Farben des Lieblings-Fußballvereins.

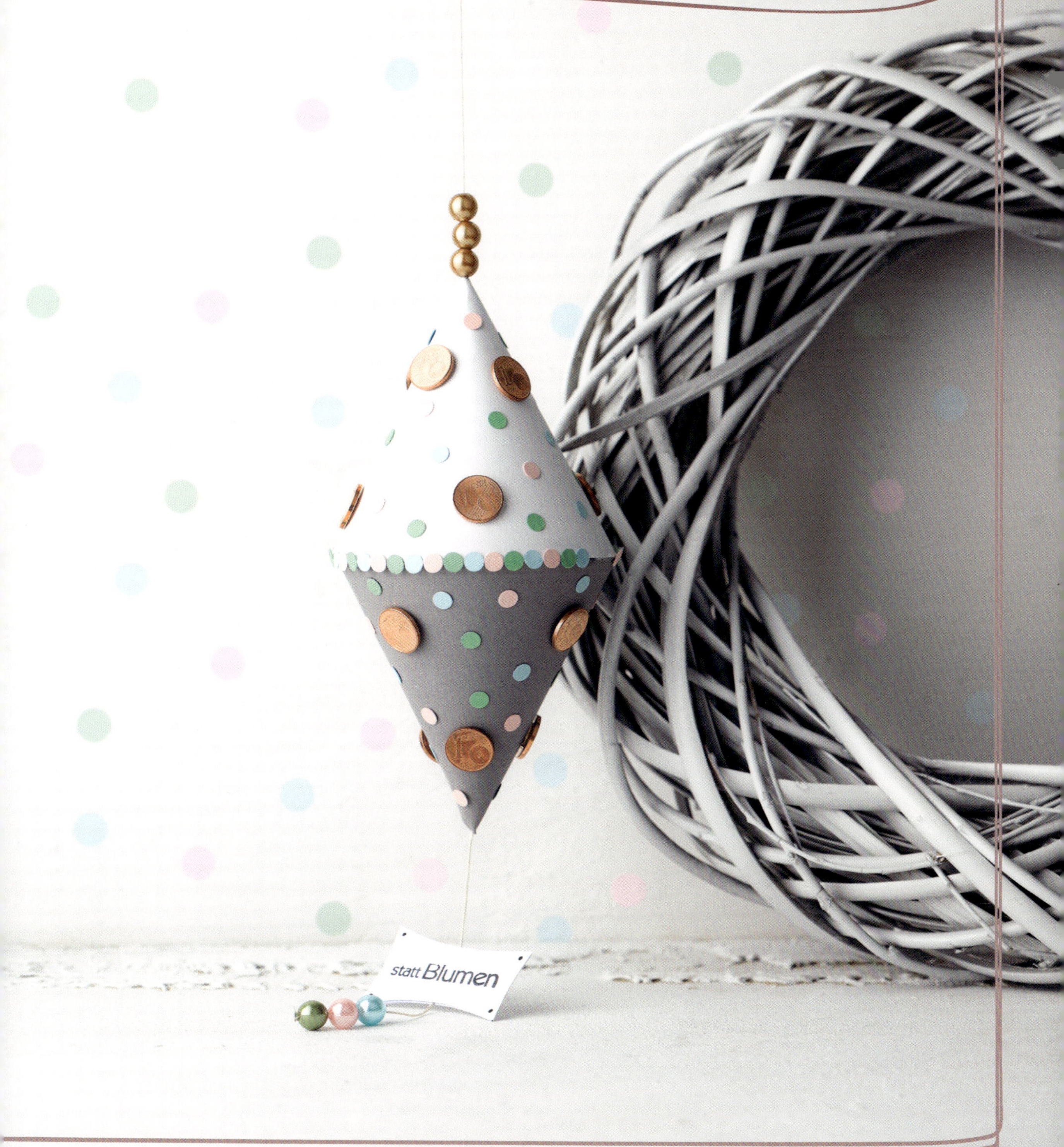

Zum Abitur

Juhu, die Prüfung ist bestanden!

1. Alle Motivteile gemäß der Grundanleitung vom Vorlagenbogen abpausen, auf den Fotokarton übertragen und ausschneiden. Es empfiehlt sich, für das Ausschneiden der geraden Linien einen Cutter und ein Lineal zu verwenden. Die auf der Vorlage mit gepunkteten Linien eingezeichnete Rückenwand in Schwarz ausschneiden. Beim grauen Buch das Rechteck für den 100 €-Schein herauscutten.

2. Kleben Sie die schwarze gewellte Umrandung hinter das weiße Glückwunschschild und fixieren Sie darüber das graue Buch. Darüber platzieren Sie das schwarze Buch und dann das silberne.

3. Jetzt setzen Sie den Hut zusammen. Links den grauen Schatten hinterkleben und rechts die goldene Quaste. Die vordere Kappe mit einem weißen Lackstift einzeichnen. Nun kleben Sie den fertigen Hut auf das silberne Buch.

4. Fixieren Sie den weißen Kasten auf dem silbernen Buch und kleben Sie mit bunten Buchstabenstickern das Wort ABITUR darauf. Dabei können Sie nach Wunsch die Buchstaben leicht schräg setzen. Unten auf das weiße Feld mit schwarzen Buchstaben-Stickern den Schriftzug HERZLICHEN GLÜCKWUNSCH aufbringen. Rechts und links davon die Blumensticker platzieren.

5. Befestigen Sie nun den 100 €-Schein hinter dem grauen Buch: Platzieren Sie den Schein so, dass die Zahl 100 im Ausschnitt gut sichtbar ist. Den rechts überstehenden Teil des Geldscheins nach hinten umfalten. Alles umdrehen und den Schein an der Rückseite mit Klebefilm befestigen.

6. Zum Schluss fixieren Sie punktuell die Rückwand des Motivs an der Rückseite. Geben Sie den Klebstoff nur an den Rand, aber nicht auf den Geldschein, damit dieser gut entnommen werden kann.

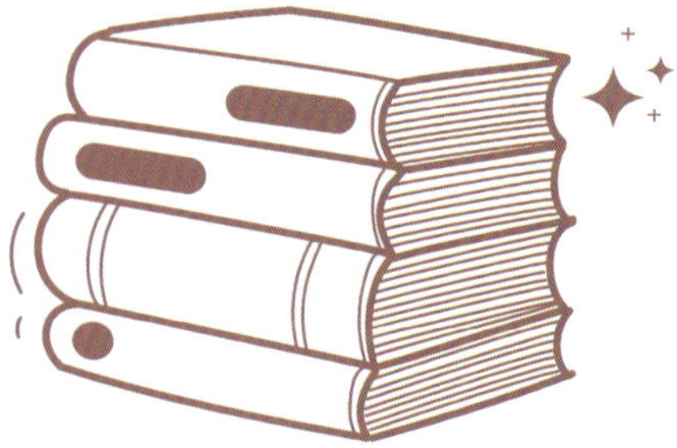

MOTIVGRÖSSE:
ca. 22 cm x 22 cm

MATERIAL:
- Fotokarton in Weiß und Schwarz, DIN A4
- Fotokartonreste in Silber, Gold, Hellgrau und Grau
- Klebestift
- Lackstift in Weiß
- Buchstaben-Sticker in Gelb, Orange, Lila, Hellgrün und Blau, 1 cm hoch
- Buchstaben-Sticker „Herzlichen Glückwunsch" in Schwarz, 1 cm hoch
- Blumensticker in Weiß, ø 2 cm
- Klebefilm
- 1x 100 €-Schein

VORLAGE:
Seite 83

TIPP:
Beschriften Sie das weiße Feld des schwarzen Buches individuell mit dem Namen des Beschenkten, dem Jahr oder dem Titel eines Lieblingsbuches.

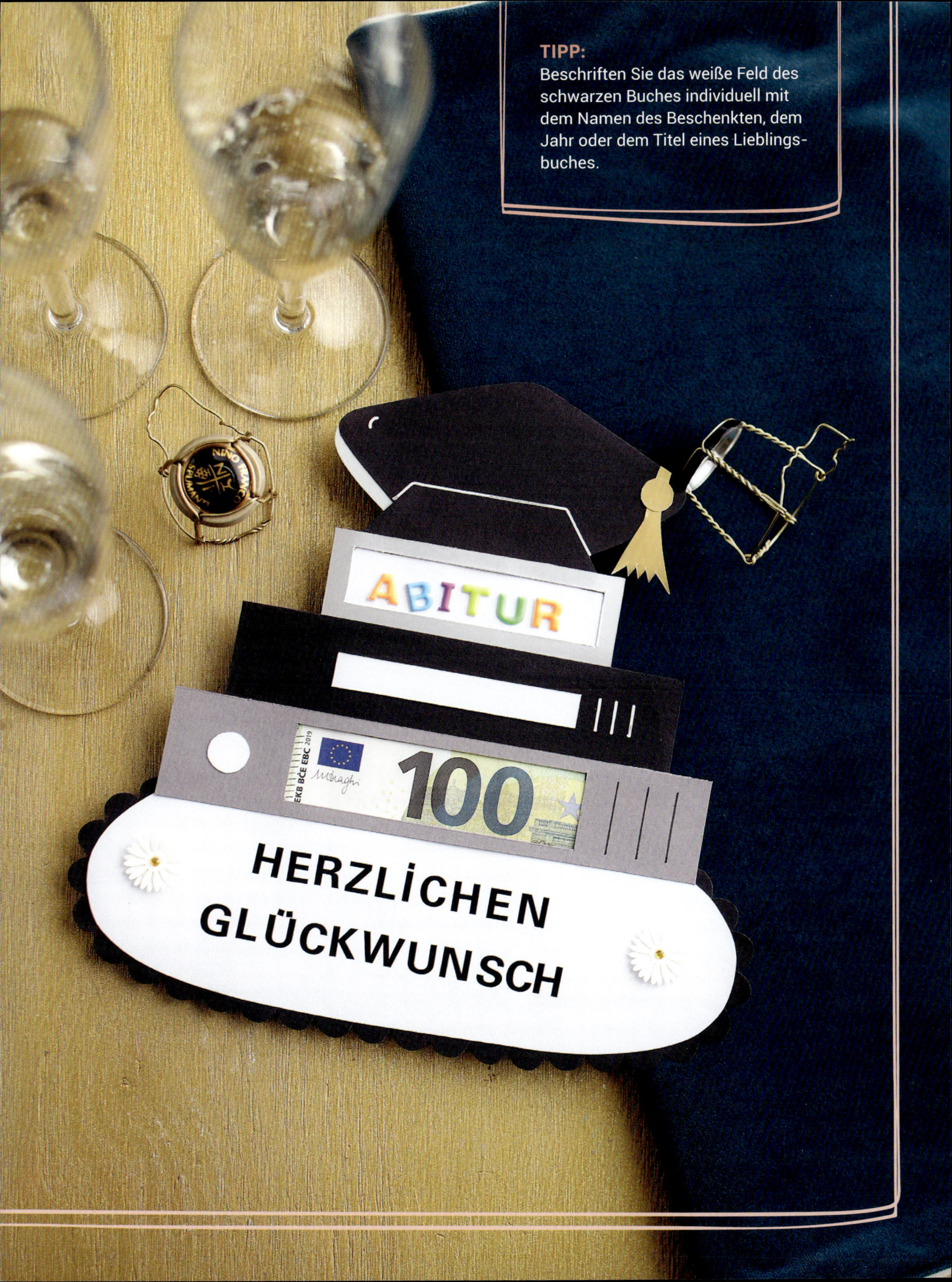

Edler Jahrgang

Weinflasche zum 50. Geburtstag

1. Alle Motivteile gemäß der Grundanleitung vom Vorlagenbogen abpausen, auf den Fotokarton übertragen und ausschneiden. Die schwarze Karte ausschneiden, die Mittellinie der 27,8 cm breiten Seite leicht mit einem Cutter an einem Lineal entlang falzen und anschließend zur Karte falten.

2. Die grüne Flasche auf die weiße Flasche kleben, sodass ein weißer Rand entsteht. Jetzt mit einem Cutter das Geldfenster ausschneiden.

3. Kleben Sie den Korken oben hinter den roten Verschluss und diesen dann auf die grüne Flasche. Auch die weiteren Einzelteile Wappen, Wolke, Schild und Blatt aufkleben.

4. Stempeln Sie den Schriftzug auf die Wolke und kleben Sie mit Zahlenstickern das zum Jubilar passende Geburtsjahr auf das Schild.

5. Jetzt den 100 €-Schein zur Hälfte falten und mit Klebefilm so hinter die Flasche kleben, dass vorne die Zahl zu sehen ist.

6. 22 Klebepads verteilt auf die Rückseite der Flasche kleben. Die Schutzfolie von den Klebepads abziehen und anschließend die Flasche mittig auf die schwarze Karte kleben.

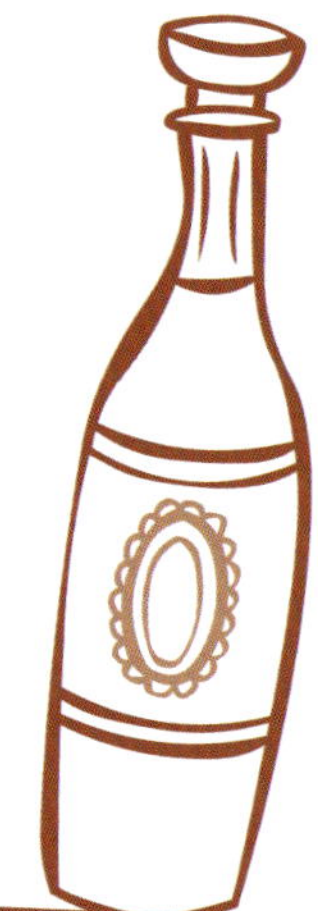

MOTIVGRÖSSE:
ca. 14 cm x 28 cm

MATERIAL:
- Fotokarton in Schwarz, 27,8 cm x 28,3 cm
- Fotokarton in Weiß und Dunkelgrün, DIN A4
- Fotokartonreste in Beige, Bordeaux und Gold
- Klebestift
- Stempel mit Schriftzug: Gratuliere
- Acrylwürfelblock für den Stempel
- Stempelkissen in Schwarz
- Zahlensticker in Gold, 1,5 cm hoch
- Klebefilm
- 22 Klebepads, 2 mm stark
- 1x 100 €-Schein

VORLAGE:
Seite 89

TIPP:
Die Karte kann innen mit einem weißen Fineliner beschriftet werden – oder Sie verwenden ein weißes Einlegeblatt für die Gratulationswünsche.

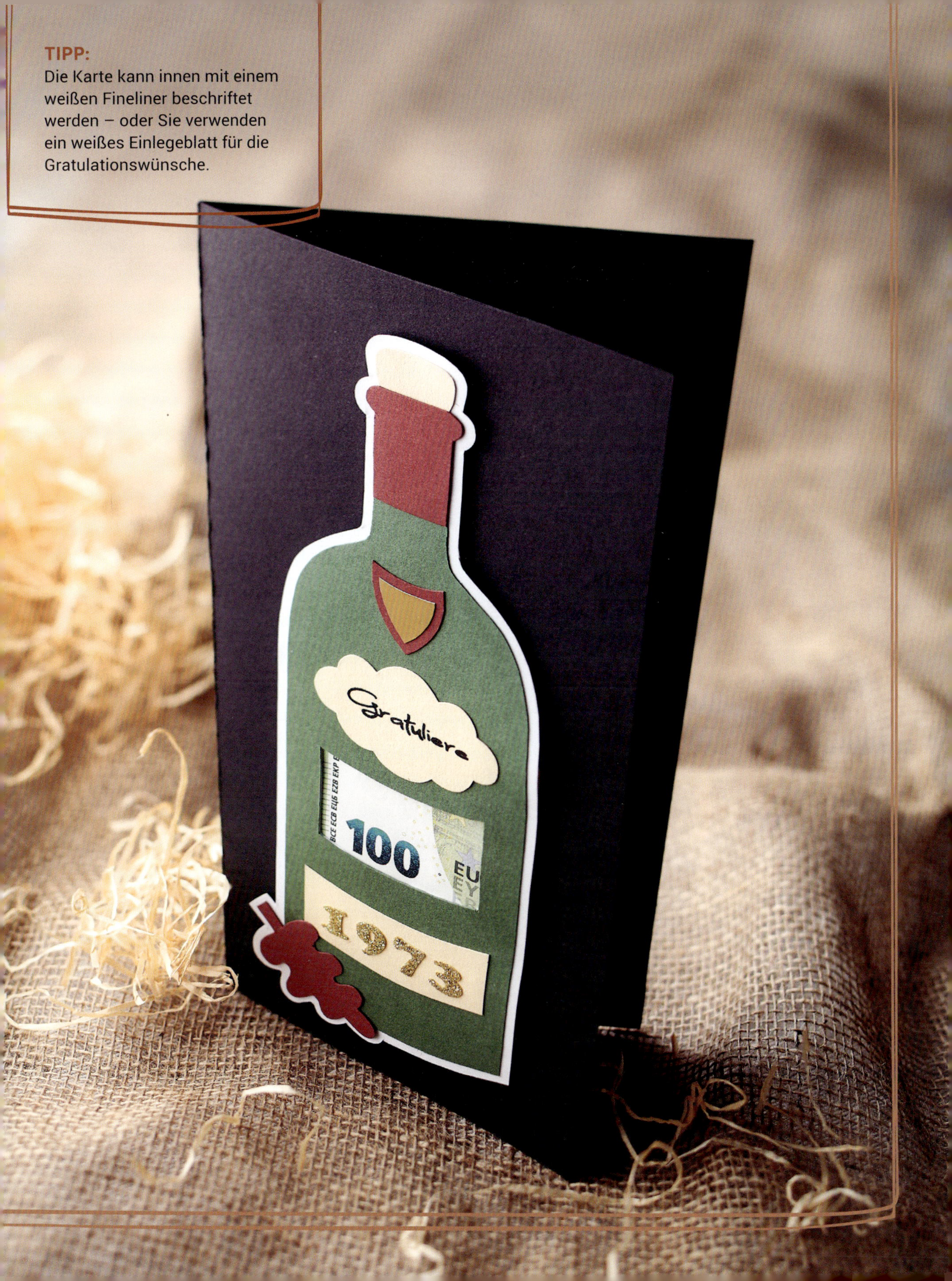

Tannenbaum mit Engeln

Fröhliche Weihnachten

1. Alle Motivteile vom Vorlagenbogen auf den farbigen Tonkarton übertragen und ausschneiden.

2. Die Haare auf den Kopf des Engels kleben und das Gesicht mit Augen und Mund bemalen. Setzen Sie kleine Lichtpunkte in die Augen. Kleben Sie nun den Kopf auf den Pullover und platzieren Sie die Hände von hinten an den Ärmeln. Kleben Sie ein goldenes Herz auf das Oberteil.

3. Den 10 €-Schein zur Ziehharmonika falten und oben mit Klebefilm zusammenkleben. Dann den Geldschein mit Klebefilm auf das Rückteil kleben. Den Aufstellerstreifen zur Mitte knicken und von hinten am Rückteil befestigen. Den Engel mit dem Pullover von vorne mit Klebefilm auf den 10 €-Schein kleben.

4. Die Tanne zweimal ausschneiden und oben mit einem goldenen Stern schmücken. Kleben Sie die Tanne nur am Stern zusammen, sodass man sie später aufstellen kann.

5. Den 100 €-Schein zur Ziehharmonika falten, oben mit einem Klebefilmstreifen zusammenbinden und auffächern. Dieses Stück mit Klebefilm hinter dem kleinen Tannenstück anbringen. Oben einen Stern befestigen.

6. Das kleine Tannenstück wird nun mit Klebefilm oben auf die große Tanne geklebt. Nun ein goldenes Herz auf die große Tanne kleben.

7. Alles hübsch zum Verschenken platzieren.

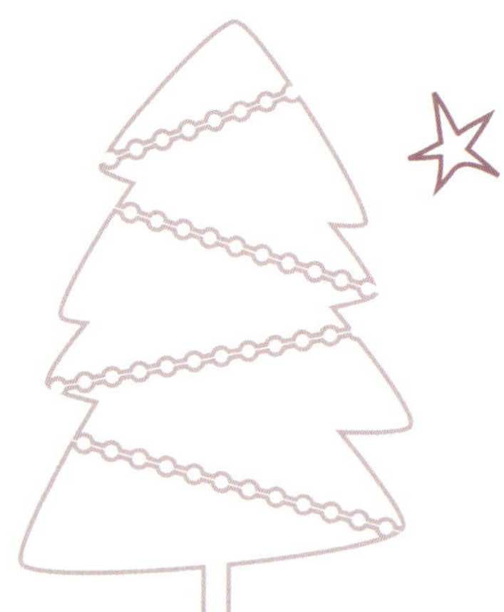

MOTIVGRÖSSE:
Tannenbaum 15,5 cm x 13 cm
Engel 9 cm x 6 cm

MATERIAL:
- Fotokartonreste in Hautfarben, Gelb, Rot, Dunkelgrün und Gold
- Klebestift
- Buntstift in Rot
- Fineliner in Schwarz
- Lackstift in Weiß
- Klebefilm
- Motivlocher Stern, ø 1 cm
- 2x 10 €-Schein
- 1x 100 €-Schein

VORLAGE:
Seite 85

TIPP:
Zum Verschenken können Sie die Figuren auch hübsch auf einem weißen Teller mit Moos dekorieren.

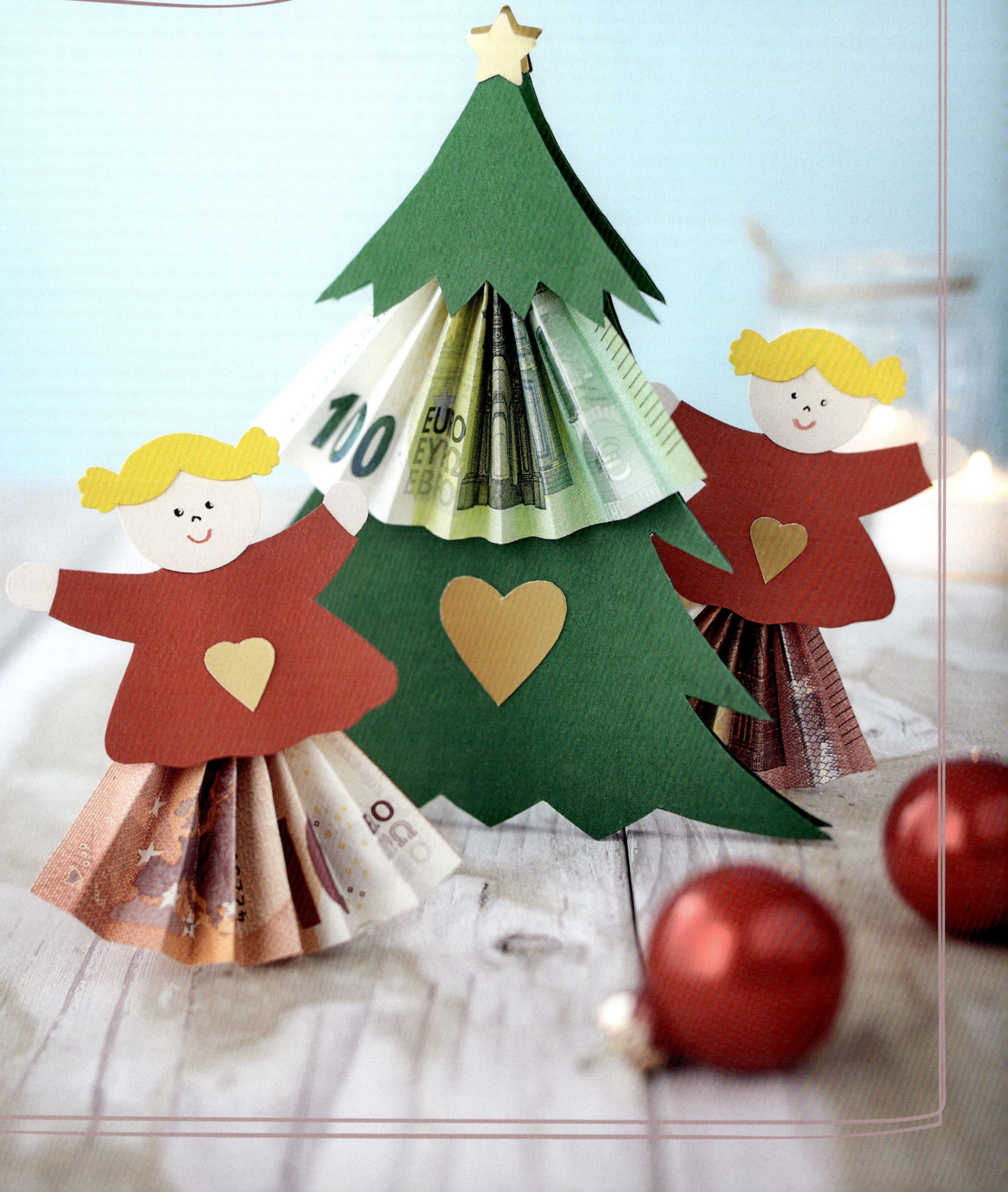

Stiefelkette

Ein kleines Nikolausgeschenk

1. Alle Motivteile gemäß der Grundanleitung vom Vorlagenbogen abpausen, auf den Fotokarton übertragen und ausschneiden. Wenn Sie die Stiefel befüllen möchten, schneiden Sie die Stiefel sechsmal aus.

2. Die weißen Flicken von beiden Seiten auf die Stiefel kleben und mit einem roten Fineliner Punkte und Linien darauf malen. Kleben Sie die weiße Papierspitze oben ringsherum auf alle Stiefel. Wenn Sie die Stiefel doppelt ausgeschnitten haben, verzieren Sie jeweils nur eine Seite, und zwar so, dass Sie hinterher die Stiefel passend zusammenkleben können.

3. Den Schriftzug auf einen Stiefel stempeln und diesen mit weißen Lackstiftlinien verzieren. Fixieren Sie auf den anderen beiden Stiefeln jeweils drei Sterne.

4. Legen Sie nun den ersten 10 €-Schein mit dem Torbogen nach vorne vor sich. Links den Schein nach hinten klappen bis zur Zahl 1. Nun die rechte Seite hälftig nach hinten klappen. Dann noch einmal die rechte Seite bis zur Zahl 0 nach hinten knicken. Den Schein hinten mit Klebefilm fixieren, damit er sich nicht wieder öffnet. Auch die anderen beiden Scheine so falten und die Scheine in die Stiefel stecken.

5. Zum Abschluss verbinden Sie die Stiefel mit der Kordel. Dafür ein Stück Kordel mit Klebefilm in gleichmäßigem Abstand hinter die Stiefel kleben. Wenn Sie sechs Stiefel ausgeschnitten haben, kleben Sie die Kordel zwischen die Stiefel, wenn Sie diese an den Rändern passend aufeinanderkleben.

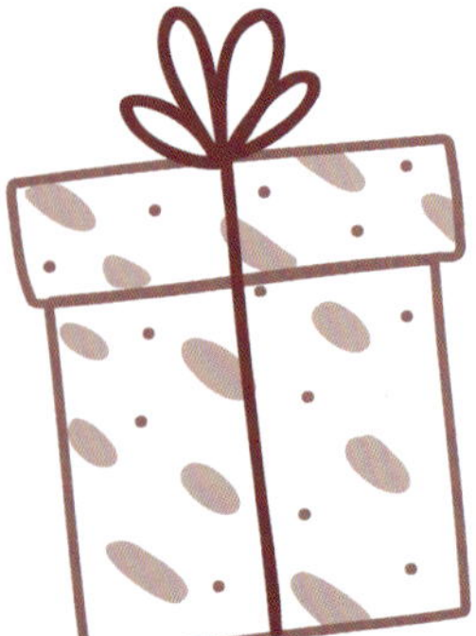

MOTIVGRÖSSE:
ca. 14 cm hoch

MATERIAL:
- Fotokarton in Rot, DIN A4
- Fotokartonreste in Weiß
- Klebestift
- Fineliner in Rot
- Papierspitze in Weiß
- Stempel mit Schriftzug: für Dich
- Stempelkissen in Weiß
- Lackstift in Weiß
- 6 Sternchen-Sticker in Weiß, 1 cm hoch
- Klebefilm
- Kordel in Rot-Weiß, ca. 1 m lang
- 3x 10 €-Schein

VORLAGE:
Seite 89

TIPPS:

Sie können auch mehrere Geldscheine oben aus dem Stiefel herausschauen lassen.

Die Sterne können Sie auch mit einem Motivlocher ausstanzen.

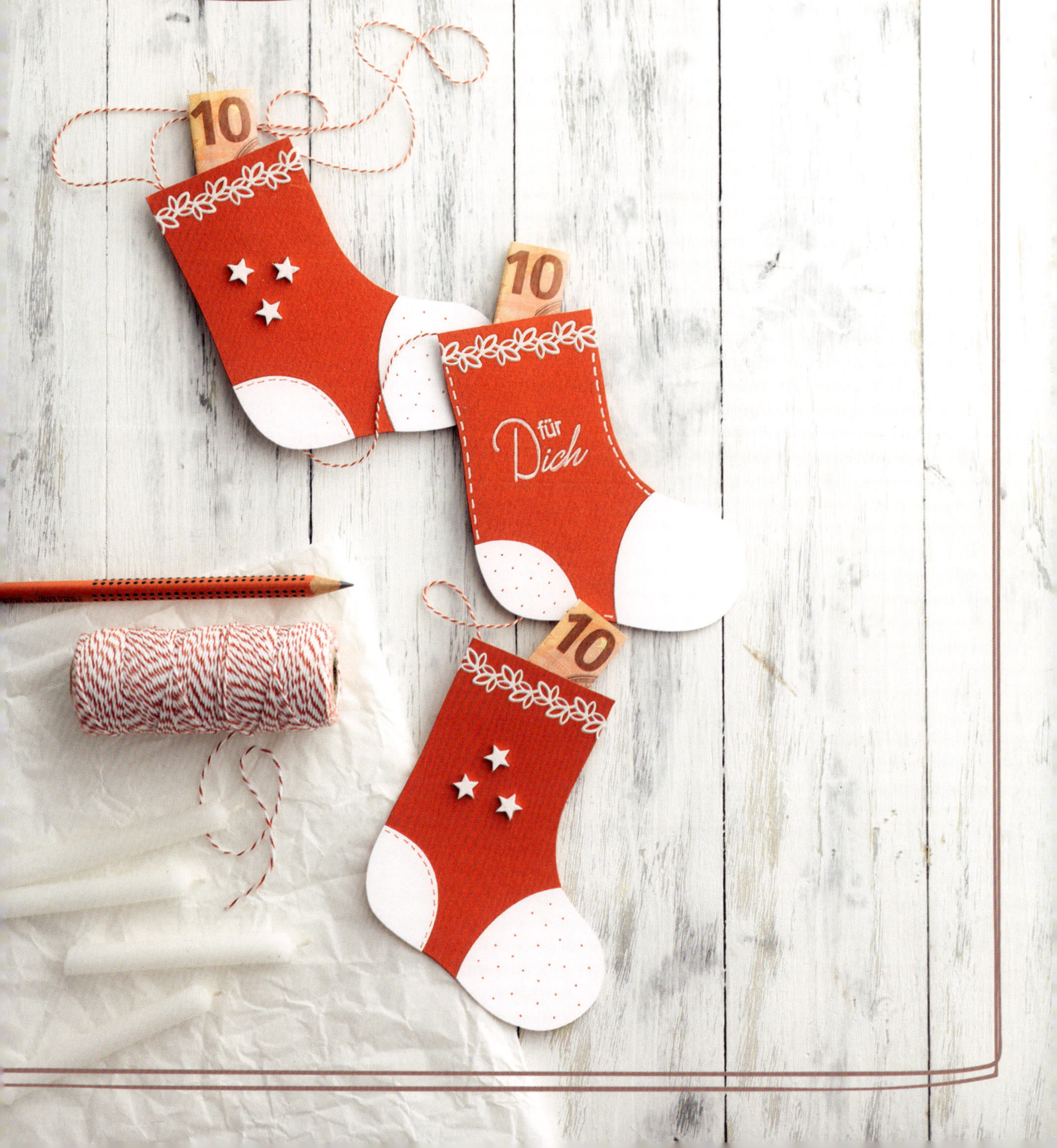

Weihnachtskarte

Hier wird es festlich

1. Alle Motivteile gemäß der Grundanleitung vom Vorlagenbogen abpausen, auf den Fotokarton übertragen und ausschneiden. Die weiße Klappkarte an der gestrichelten Linie mithilfe von Cutter und Lineal leicht einritzen und zusammenklappen.

2. Kleben Sie auf die Vorderseite der Karte den dunkelgrünen Halbkreis und darauf den hellgrünen. Schneiden Sie den Ausschnitt des roten Halbkreises in der Mitte mit dem Cutter aus und kleben Sie den Halbkreis anschließend auf den hellgrünen Halbkreis. Elf mit einem Locher ausgestanzte weiße Punkte gleichmäßig verteilt auf den dunkelgrünen Halbkreis kleben. Platzieren Sie die Glitzersterne und den Weihnachts-Sticker.

3. Falten Sie nun die Tanne aus dem 100 €-Schein. Den Schein längs zur Mitte falten und wieder aufklappen. Legen Sie den Schein mit der schmalen Seite zu sich und falten Sie die beiden oberen Ecken zum Mittelknick, sodass oben ein Dreieck entsteht. Nun beide Seiten des Dreiecks nochmals zur Mitte falten. Jetzt ist oben eine Spitze entstanden.

4. Falten Sie jetzt das untere Rechteck ganz nach oben zur Spitze und drehen Sie den Geldschein um. Das Rechteck nach hinten 2 cm über den Tannenbaumrand knicken. Den Geldschein wieder umdrehen.

5. Die rechte obere Ecke des Rechtecks mit der Spitze schräg zur Mitte falten und wieder auffalten. Mit dem Zeigefinger von rechts die äußere Faltkante öffnen und das dabei entstehende Dreieck flach drücken. So ist die eine Hälfte des Stammes entstanden. Diesen Schritt nun auf der linken Seite wiederholen.

6. Den Geldschein wieder umdrehen – und fertig ist die Tanne. Zum Schluss kleben Sie sie mit Klebefilmröllchen auf die weiße Mitte der Karte.

MOTIVGRÖSSE:
ca. 16 cm x 18 cm

MATERIAL:
- Fotokarton in Weiß, DIN A3
- Fotokarton in Dunkelgrün, Hellgrün und Rot, DIN A4
- Klebestift
- Locher
- 10 Glitzersterne-Sticker in Weiß, ø 1,5 cm
- Sticker „Frohe Weihnachten"
- Klebefilm
- 1x 100 €-Schein

VORLAGE:
Seite 80

TIPP:
Sie können die Karte in einem weißen, hübsch verzierten Briefumschlag in DIN A4 überreichen.

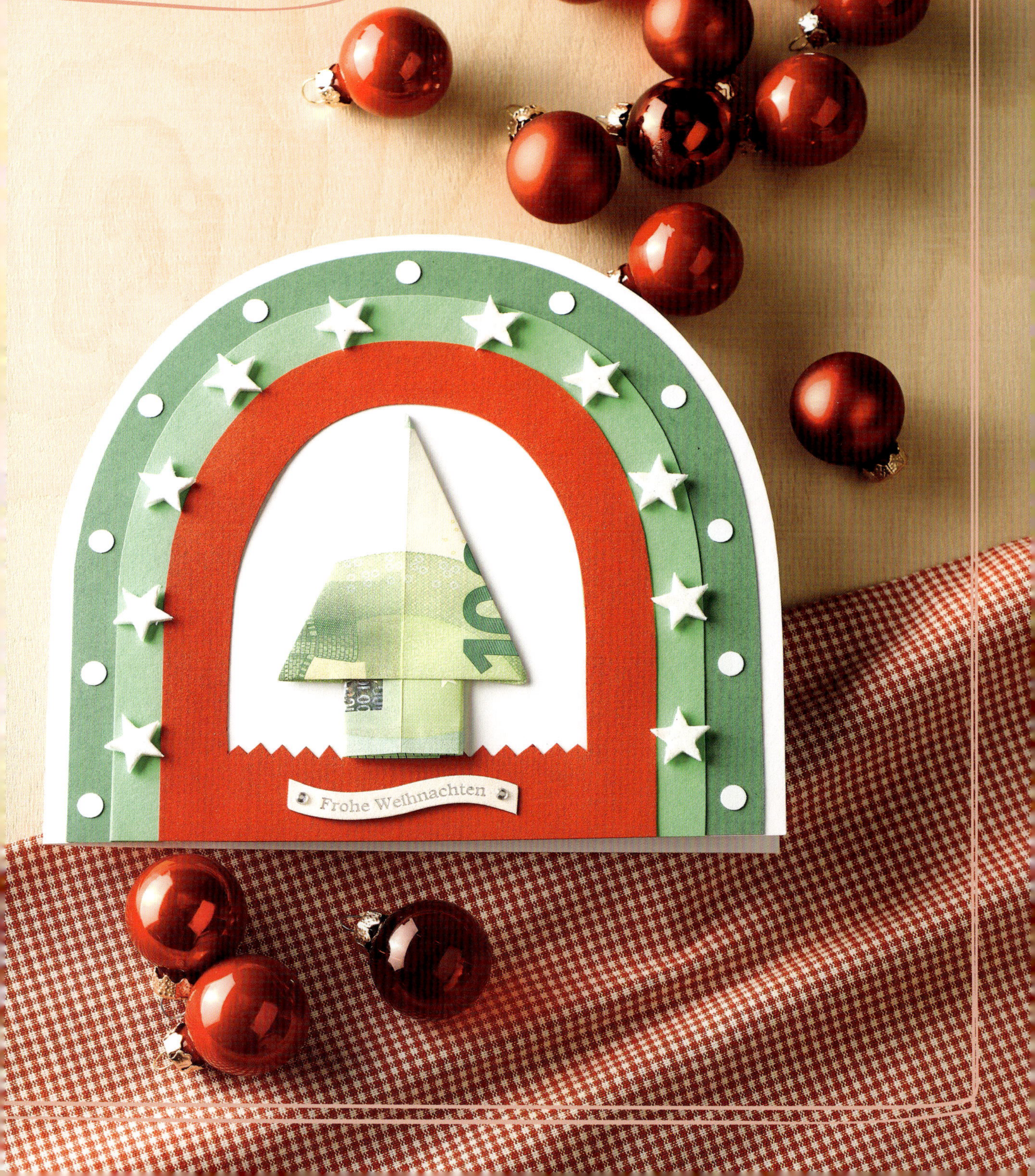

Lebkuchenhaus-Karte

So wird die Weihnacht versüßt

1. Alle Motivteile vom Vorlagenbogen abpausen, auf Fotokarton übertragen und ausschneiden. Dabei das Haus und die Rückseite der Karte mit Cutter und Lineal anfertigen. Die Fenster und die Tür ebenfalls mit einem Cutter herausschneiden.

2. Das Haus mit einem weißen Lackstift bemalen, goldene Sticker-Sterne und rote Herzen anordnen und aufkleben.

3. Über der Tür den Schriftzug aufstempeln und gut trocknen lassen. An beiden Seiten die schwarzen Punkte mit einem Fineliner noch erweitern.

4. Geld hinterkleben: Den 10 €-Schein für die Tür zur Hälfte falten und so hinter die Tür kleben, dass man vorne die 10 sieht. Den 10 €-Schein für das runde Fenster zur Hälfte falten, dann nochmal das Rechteck so hochfalten, dass man vorne die 10 sieht. Die 5 €-Scheine zur Hälfte falten, die Euroschrift nochmal nach hinten falten und dann das Rechteck nach unten falten, sodass man vorne die 5 sieht.

5. Wer die Hausrückseite schöner gestalten möchte, kann auf der Rückseite der Karte noch ein weißes Blatt in Hausform hinterkleben. Einfach die Vorderseite von der Haus-Schablone um 5 mm verkleinern. Nur nicht auf die Geldscheine kleben. So sieht man sie hinten nicht.

MOTIVGRÖSSE:
ca. 23,5 cm x 12,5 cm

MATERIAL:
- Fotokarton in Hellbraun, DIN A3
- Fotokartonrest in Rot
- Klebestift
- 3 Sterne-Sticker in Glitzergold, 1,5 cm hoch
- Lackstift in Weiß
- Stempel mit Schriftzug: Zauberhafte Weihnachten
- Stempelkissen in Schwarz
- Fineliner in Schwarz
- Klebefilm
- 2x 5 €-Schein
- 2x 10 €-Schein

VORLAGE:
Seite 91

TIPP:
Sie können auch nur einen 5 €-Schein hinter beide Fenster kleben, dann ist allerdings die Zahl nicht in beiden Fenstern sichtbar.

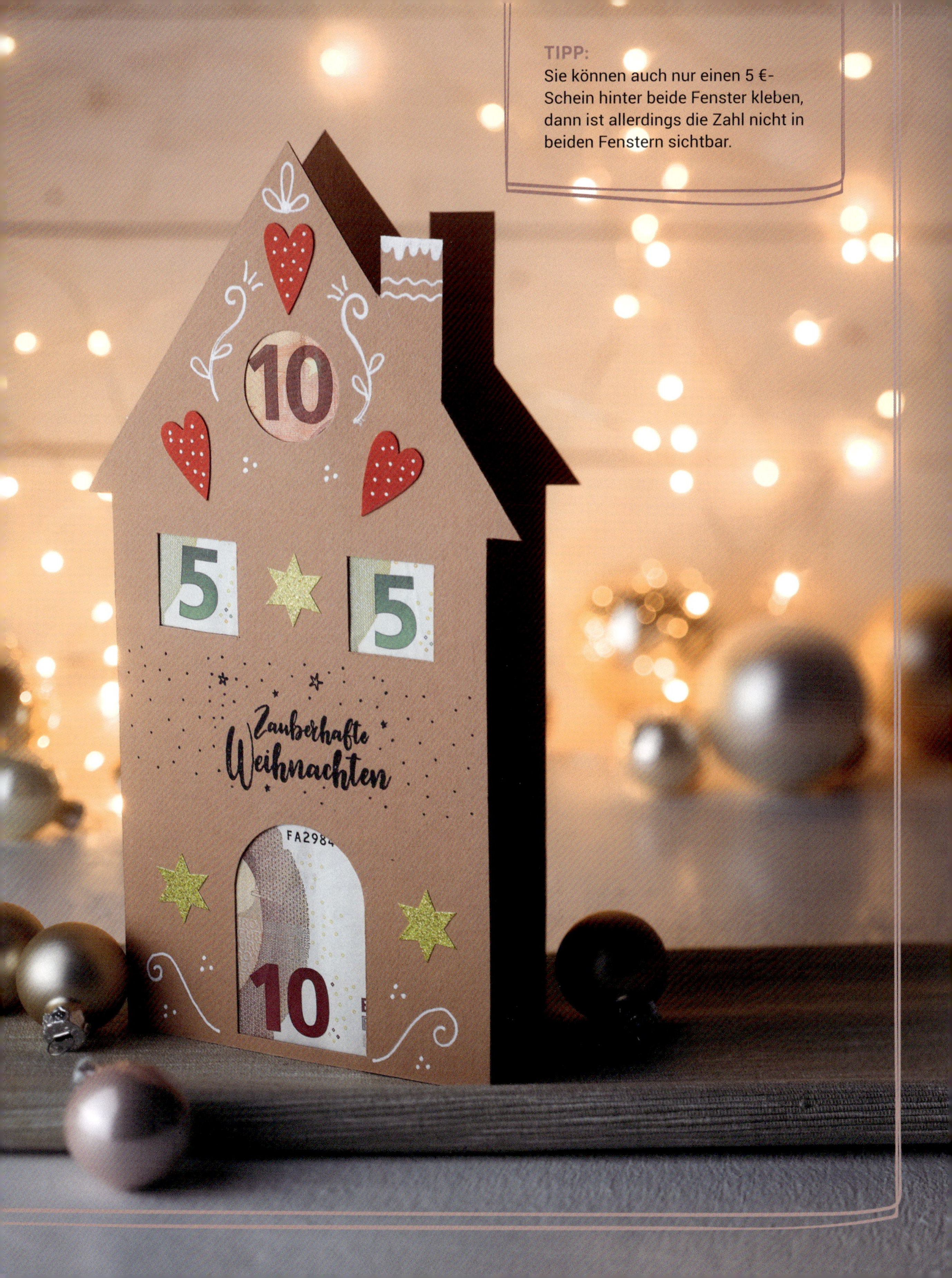

Ich liebe Kekse!

Mitbringsel mit Schmunzeleffekt

1. Alle Motivteile gemäß der Grundanleitung vom Vorlagenbogen abpausen, auf den Fotokarton übertragen und ausschneiden.

2. Kleben Sie die Augen mit den schwarzen Locherpunkten als Pupillen auf den Kopf. Den Mund mit den Krümeln aufkleben und anschließend den Kopf auf den Körper kleben. Auf dem Hals die weiteren Kekskrümel platzieren.

3. Die Hand auf dem Körper mit einem Cutter herausschneiden. Hinter diese Hand den Keks schieben und nur unten festkleben, damit später oben der Schein eingeschoben werden kann. Kleben Sie nun die zweite Hand auf den Keks und den Arm hinter den Keks.

4. Mit einem schwarzen Fineliner die Handlinien und die Keksstruktur aufmalen. Den Geldschein zu einem Rechteck falten und hinter den Keks schieben.

5. Fertigen Sie jetzt das Dankeschön-Schild an. Dafür bestempeln Sie es mit dem Schriftzug und kleben es, wenn die Farbe trocken ist, mit Heißkleber schräg an das Glas.

6. Zum Abschluss kleben Sie das Krümelmonster mit dem Arm an das Glas und füllen dieses mit kleinen Keksen. Hmh, lecker!

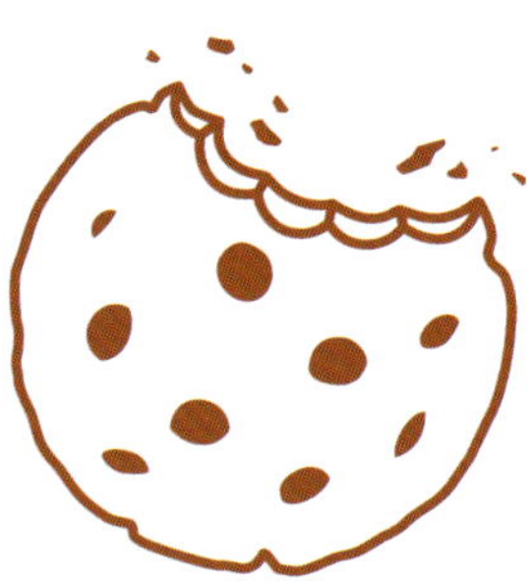

MOTIVGRÖSSE:
ca. 17 cm x 12 cm

MATERIAL:
- Fotokarton in Mittelblau, DIN A4
- Fotokartonrest in Weiß, Braun und Schwarz
- Klebestift
- Locher
- Fineliner in Schwarz
- Stempel mit Schriftzug: dankeschön
- Stempelkissen in Schwarz
- Heißkleber
- Glas, ø 5,5 cm, 7 cm hoch
- kleine Kekse
- 1x 5 €-Schein

VORLAGE:
Seite 89

TIPP:
Sie können die Vorlage für die Figur auch vergrößern und daneben ein großes Keksglas mit Deckel stellen.

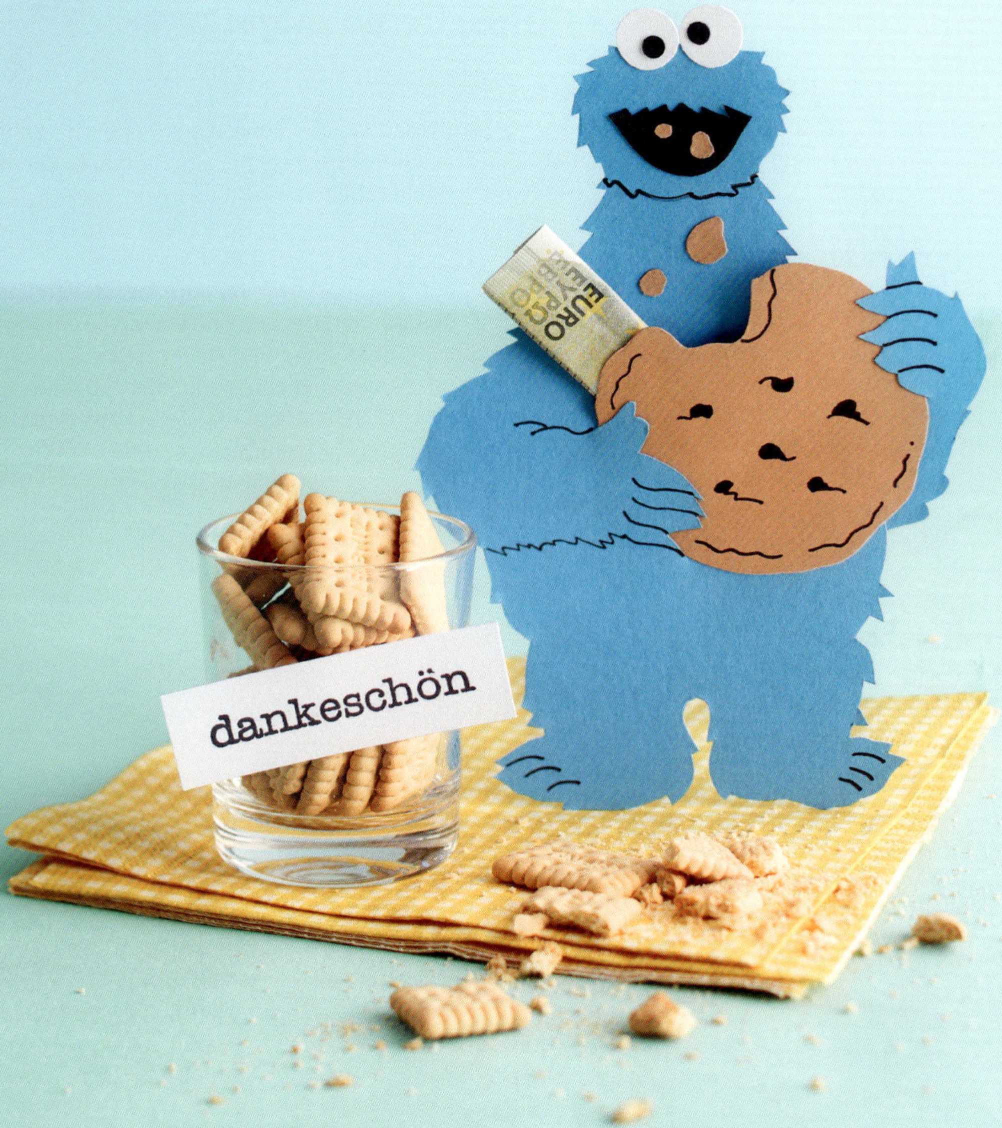

Fleißige Schnee-Eule

Hier kommen die Geldscheine angeflogen!

1. Alle Motivteile gemäß der Grundanleitung vom Vorlagenbogen abpausen, auf den Fotokarton übertragen und ausschneiden.

2. Setzen Sie die Augen zusammen, indem Sie die mit einer Lochzange ausgestanzten Lichtpunkte auf die schwarze Pupille kleben und diese auf das gelbe Auge. Beide Augen auf das Gesicht der Eule kleben und den Schnabel ergänzen. Den rechten Flügel hinter die Eule kleben. Mit einem schwarzen Fineliner die Linien einzeichnen und mit einem grauen Buntstift das Gefieder andeuten.

3. Befüllen Sie das Reagenzglas mit dem eingerollten Geldschein. Den gelben Chenilledraht in der Mitte knicken und durchschneiden. Beide Drahtstücke um das Reagenzglas wickeln, die Enden verdrehen und bis auf 1 cm abschneiden. Diese Krallen mit Heißkleber unten an die Eule kleben.

4. Kleben Sie den Schatten auf das rote Banner und zeichnen Sie die Linie ein. Stempeln Sie mit den Buchstabenstempeln das Wort DANKE. Trocknen lassen.

5. Mit Nähnadel und Nähgarn zwei Löcher oben in das Banner stechen und je einen Aufhängefaden verknoten. Zum Schluss legen Sie die Schlaufen um das Reagenzglas und fixieren diese hinten mit einem Heißkleberpunkt. Jetzt kann das Geld angeflogen kommen.

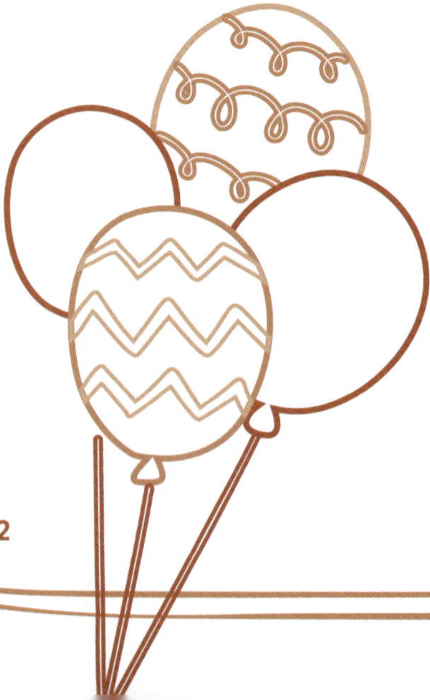

MOTIVGRÖSSE:
ca. 19 cm x 27 cm

MATERIAL:
- Fotokarton in Weiß, DIN A4
- Fotokartonreste in Gelb, Rot, Dunkelrot und Schwarz
- Lochzange
- Klebestift
- Fineliner in Schwarz
- Buntstift in Grau
- Chenilledraht in Gelb, 30 cm lang
- Reagenzglas mit Korken, ø 1,5 cm, 10 cm lang
- Heißkleber
- Buchstabenstempel
- Stempelkissen in Schwarz
- Nähgarn in Weiß
- Nähnadel
- 1x 20 €-Schein

VORLAGE:
Seite 83

TIPP:
Sie können auch den Namen des Beschenkten auf das Banner stempeln.

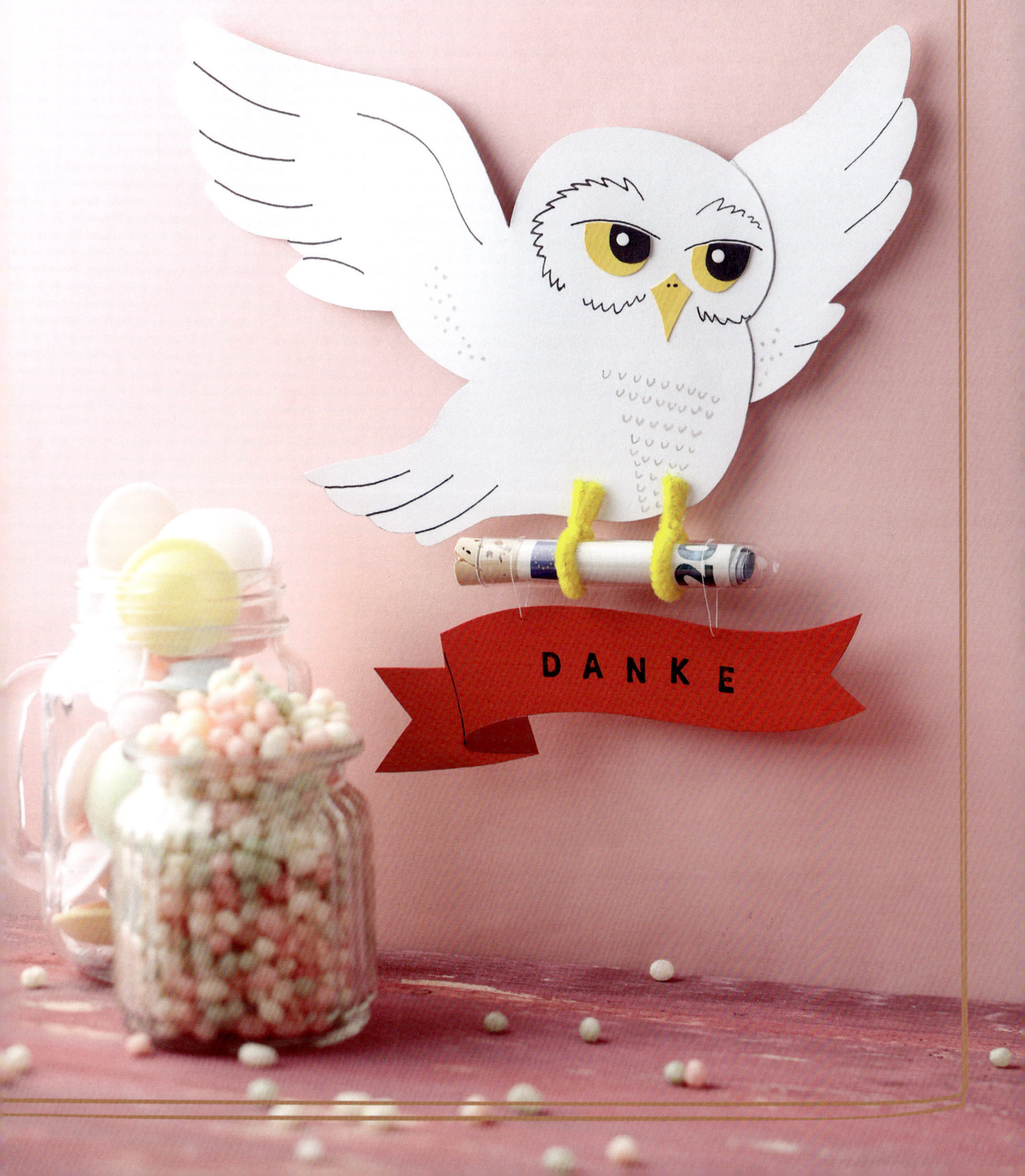

Süßer Hund auf dem Dach

Hier ist es gemütlich!

1. Alle Motivteile gemäß der Grundanleitung vom Vorlagenbogen abpausen, auf den Fotokarton übertragen und ausschneiden. Den Hund doppelt ausschneiden.

2. Schneiden Sie das Herz mit einem Cutter aus und ritzen Sie die Dachmitte leicht ein. Das Kordelband mit Heißkleber um den Herzausschnitt kleben.

3. Kleben Sie dem Hund das Ohr von beiden Seiten auf. Den Hund nur an der langen oberen Seite zusammenkleben und dabei die Nase dazwischen fixieren. Mund, Auge und weitere Linien beidseitig mit einem schwarzen Fineliner aufmalen. Setzen Sie mit dem weißen Lackstift einen Lichtpunkt ins Auge, aufs Ohr und auf die Nase.

4. Kleben Sie nun den gewünschten Geldschein von hinten mit Klebefilm hinter den Herzausschnitt. Bringen Sie Ihren persönlichen Schriftzug mit Buchstaben-Stickern auf. Das Dach mit weißen Punkten bemalen, anschließend die Seitendreiecke an beiden Seiten einkleben und das Dach aufstellen.

5. Zum Schluss kleben Sie oben den Hund von beiden Seiten mit Ohr, Hand und Fuß auf das Dach.

MOTIVGRÖSSE:
ca. 16 cm x 10 cm

MATERIAL:
- Fotokarton in Rot, DIN A3
- Fotokartonrest in Weiß und Schwarz
- Kordelband in Bordeaux, 21 cm lang
- Heißkleber
- Klebestift
- Fineliner in Schwarz
- Lackstift in Weiß
- Buchstaben-Sticker in Schwarz-Weiß, 1 cm hoch
- Geldschein nach Wunsch

VORLAGE:
Seite 81

TIPP:
Schreiben Sie zusätzlich persönliche Glückwünsche auf die Karte.

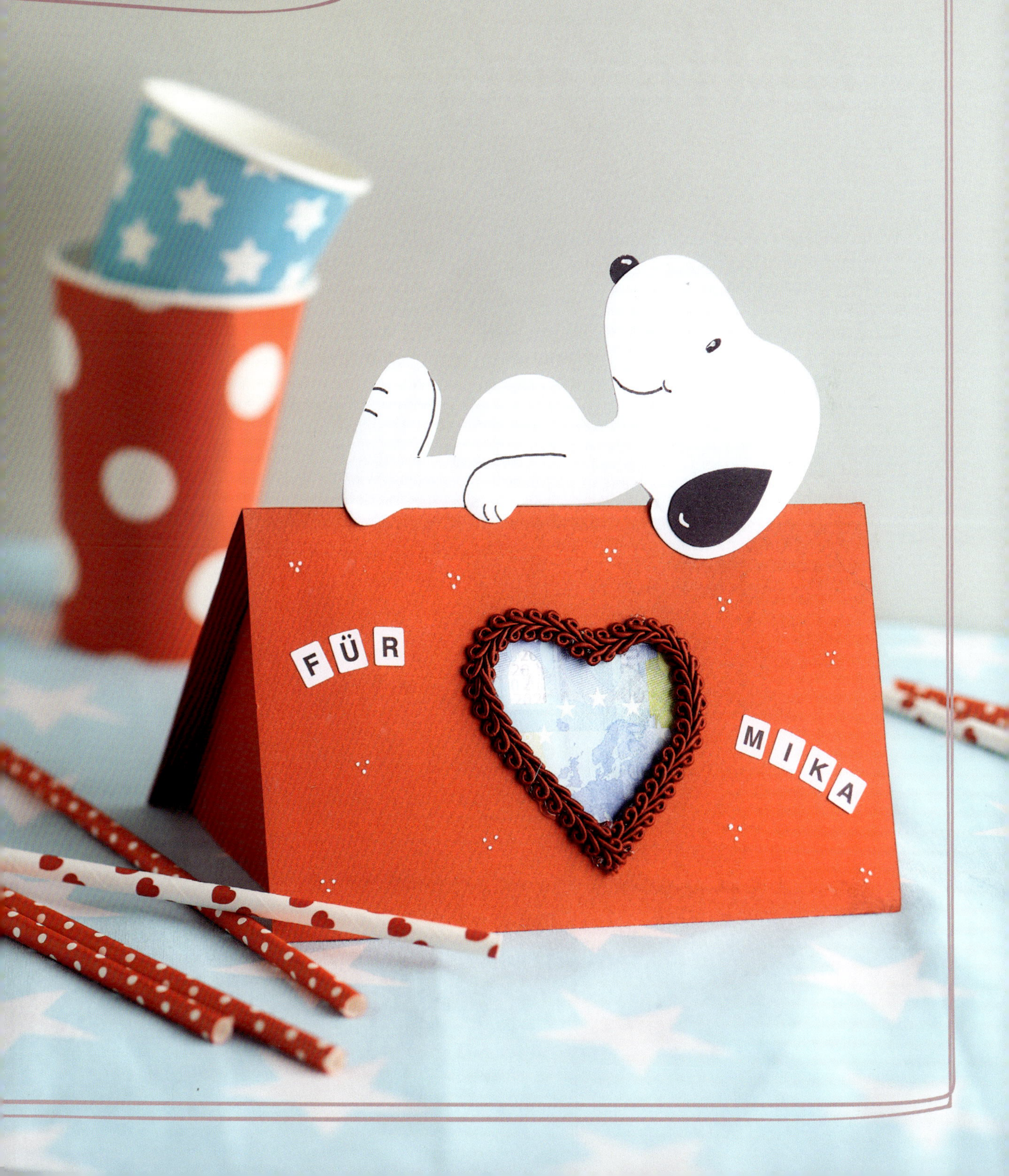

Bulli-Gutscheinbox

Für eine tolle Reise

1. Alle Motivteile gemäß der Grundanleitung vom Vorlagenbogen abpausen, auf den Fotokarton übertragen und ausschneiden.

2. Die Schachtel an den gestrichelten Linien nur leicht mit einem Cutter entlang eines Lineals einritzen und umknicken. Kleben Sie dann die Klebeflächen zusammen.

3. Jetzt fügen Sie die Einzelteile des Bullis zusammen. Die Fenster ausschneiden und in das rechte Fenster das Lenkrad kleben. Anschließend kleben Sie beide Sitze hinter die Fenster und dahinter die graue Fensterscheibe. Oben den hellblauen Dachstreifen mit dem Sticker „Gutschein" anbringen und die Seitenspiegel in Silber befestigen.

4. Platzieren Sie die beiden hellblauen Kotflügel und fügen Sie die Stoßstange hinzu. Jetzt die Lichter und Räder ergänzen. Die ausgestanzte Blume mittig auf den Bulli kleben und mit Heißkleber eine 1€-Münze darauf fixieren. Kleben Sie den fertigen Bulli auf den Deckel der Schachtel.

5. Zum Schluss kleben Sie hinter die Lasche der Schachtel das Klettband. Genau auf der Gegenseite der Schachtel fixieren Sie das Gegenstück des Klettbandes. Nach dem Befüllen der Schachtel kann der Bulli auf die Reise zu der Person gehen, die Sie beschenken möchten!

MOTIVGRÖSSE:
ca. 18 cm x 13,5 cm

MATERIAL:
- Fotokarton in Beige, DIN A3
- Fotokartonreste in Weiß, Gelb, Hellblau, Mittelblau, Silber, Hellgrau und Schwarz
- Klebestift
- Sticker „Gutschein" in Silber, 0,7 cm hoch
- Motivlocher Blume, ø 4,5 cm
- Heißkleber
- Klettband, 1 cm lang
- 1x 1 €-Münze

VORLAGE:
Seite 80 und 88

TIPP:
Legen Sie in die Schachtel einen Geldbetrag nach Wahl, einen schönen Brief oder einen Gutschein mit Fotos.

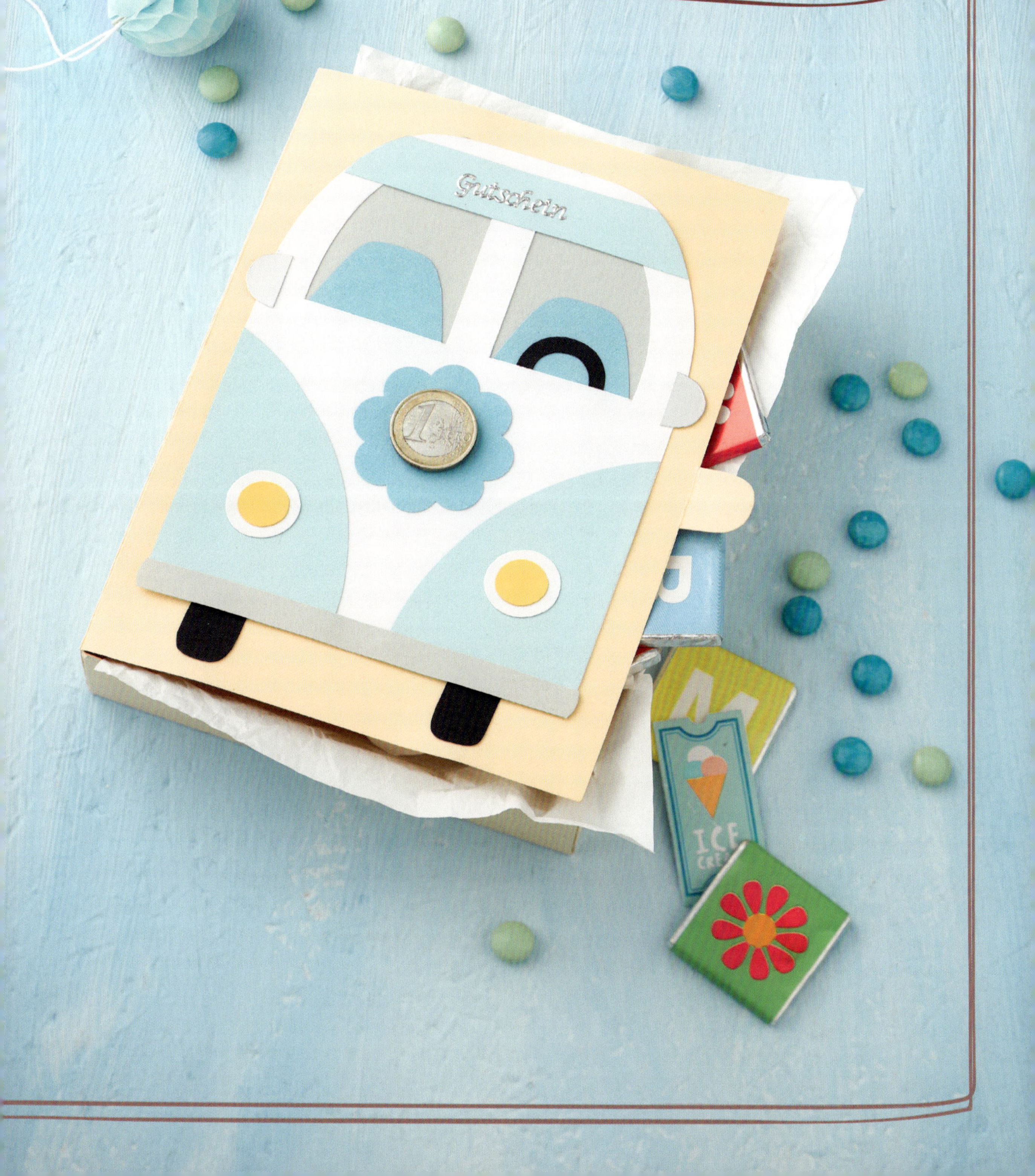

Gute-Laune-Maus

Ein kleines Geldgeschenk von Herzen

1. Alle Motivteile gemäß der Grundanleitung vom Vorlagenbogen abpausen, auf den Fotokarton übertragen und ausschneiden.

2. Setzen Sie nun die Figur zusammen. Zuerst auf den schwarzen Kopf das hautfarbene Gesicht kleben und mittig Nase und Augen mit den schwarzen Pupillen platzieren. Unten den Mund mit der Zunge ergänzen.

3. Kleben Sie den Körper hinter den Kopf und befestigen Sie die Hose nur an den Hosenbeinen, damit später oben das Geld eingeschoben werden kann. Hinter dem rechten Bein das hintere Hosenteil anfügen und zwei gelbe Knöpfe auf die Hose setzen.

4. Nun kleben Sie beide Arme oben hinter den Körper. Den linken Handschuh hinter die Hose, den rechten Handschuh auf die Hose kleben. Die Einzelteile der Schuhe zusammenfügen und an den Beinen fixieren. Kleben Sie hinten mittig den Schwanz an.

5. Alle schwarzen Linien mit einem Fineliner zeichnen und die Augen vorsichtig umranden. Mit einem weißen Lackstift Lichtpunkte auf Nase, Augen, Ohr, Knöpfe und Schuhe setzen.

6. Legen Sie nun den 10 €-Schein so vor sich, dass der Torbogen oben liegt. Auf der linken Seite den Schein bis zur roten Zahl 10 nach hinten falten. Jetzt den Schein von der rechten Seite aus einmal zur Hälfte nach hinten falten bis zum Rand auf der linken Seite. Im nächsten Schritt falten Sie rechts alles bis zur roten Zahl 10 nach hinten um. Mit einem Stück Klebefilm fixieren, damit sich der Schein nicht auffächert.

7. Zum Schluss schieben Sie den Geldschein in die Hose der Maus. Fixieren Sie sie dort eventuell mit einem Klebefilmröllchen. Jetzt können Sie jemandem gute Laune bringen!

MOTIVGRÖSSE:
ca. 10 cm x 20 cm

MATERIAL:
- Fotokartonreste in Weiß, Haut, Gelb, Rot und Schwarz
- Klebestift
- Fineliner in Schwarz
- Lackstift in Weiß
- Klebefilm
- 1x 10 €-Schein

VORLAGE:
Seite 91

TIPP:
Sie können die Vorlage auch vergrößern, um mehr Geld in die Hose stecken zu können. Nach der Geldentnahme ist die Maus dann noch ein tolles Fensterbild!

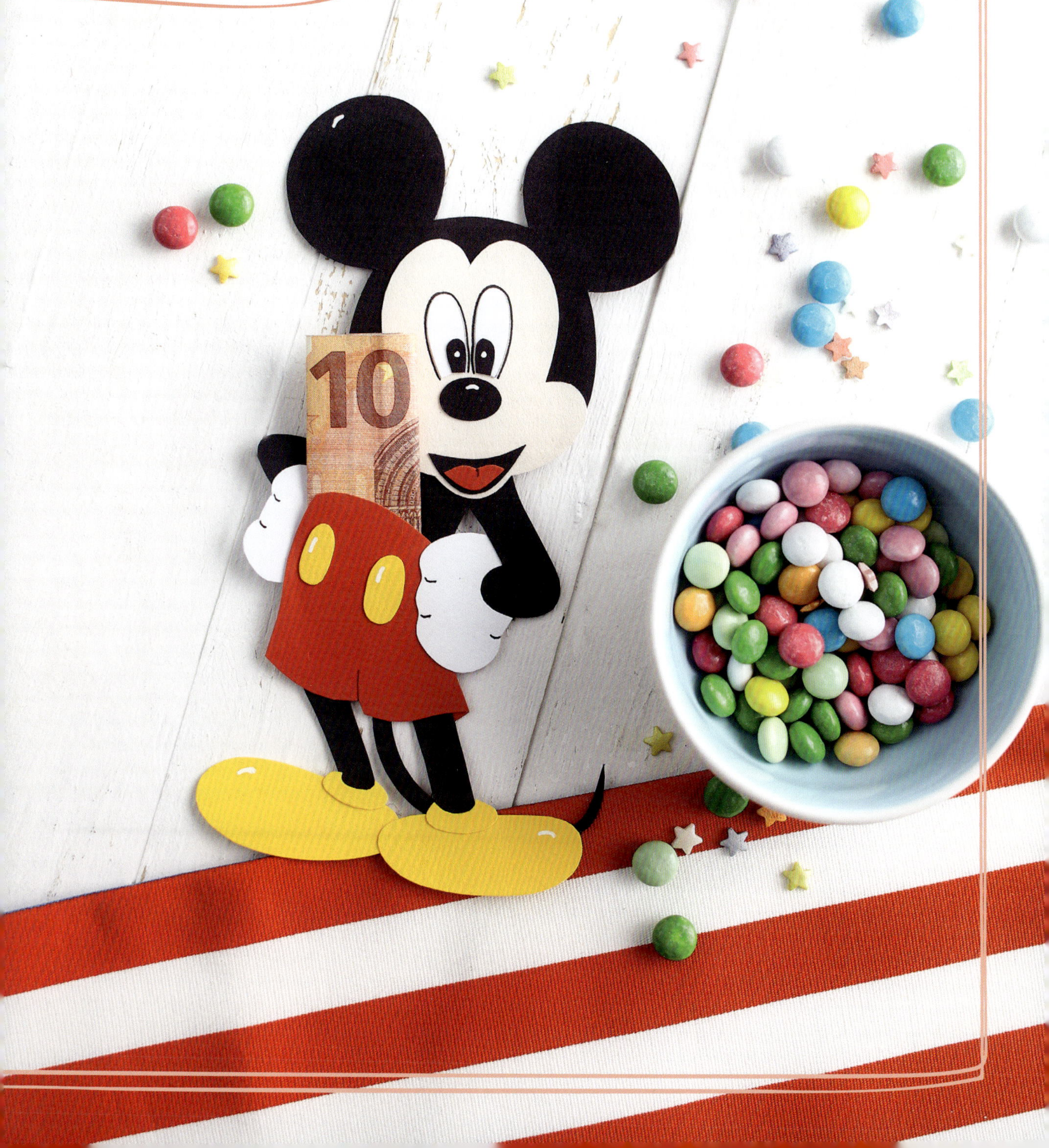

Vorlagen

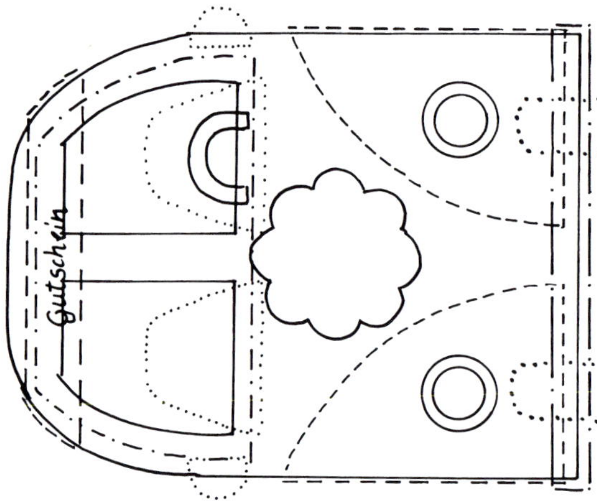

Bulli-Gutscheinbox S. 76
bitte auf 220% vergrößern

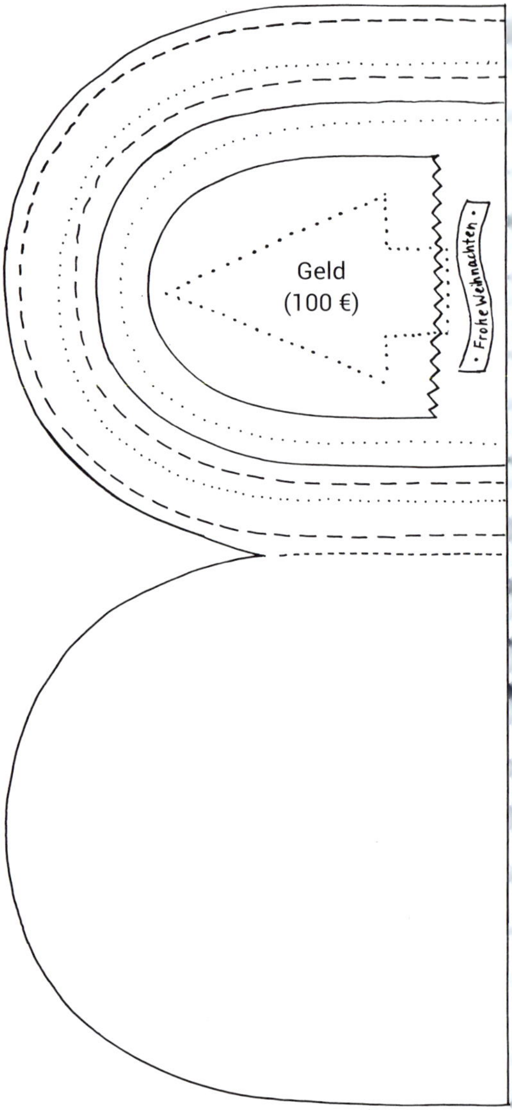

Weihnachtskarte S. 66
bitte auf 250% vergrößern

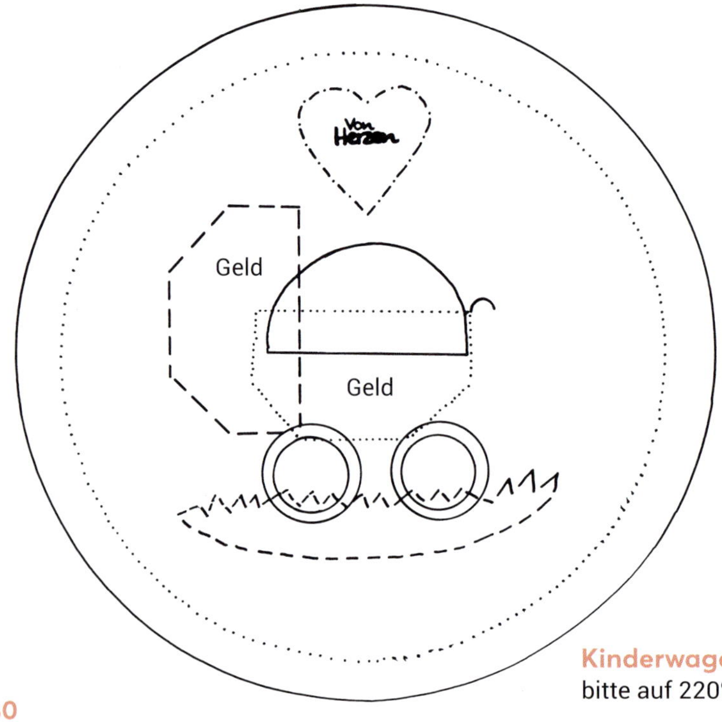

Kinderwagen S. 14
bitte auf 220% vergrößern

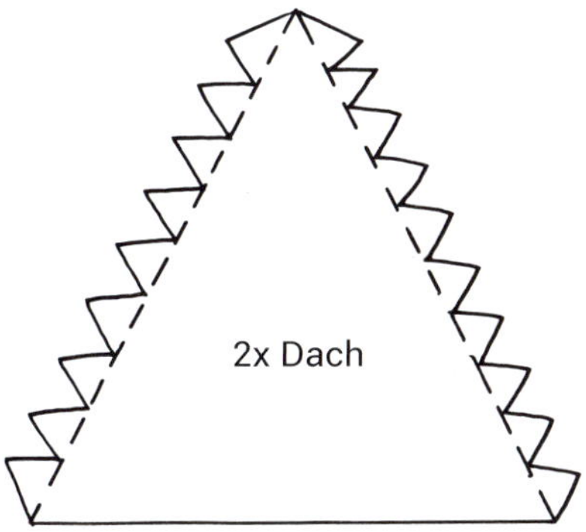

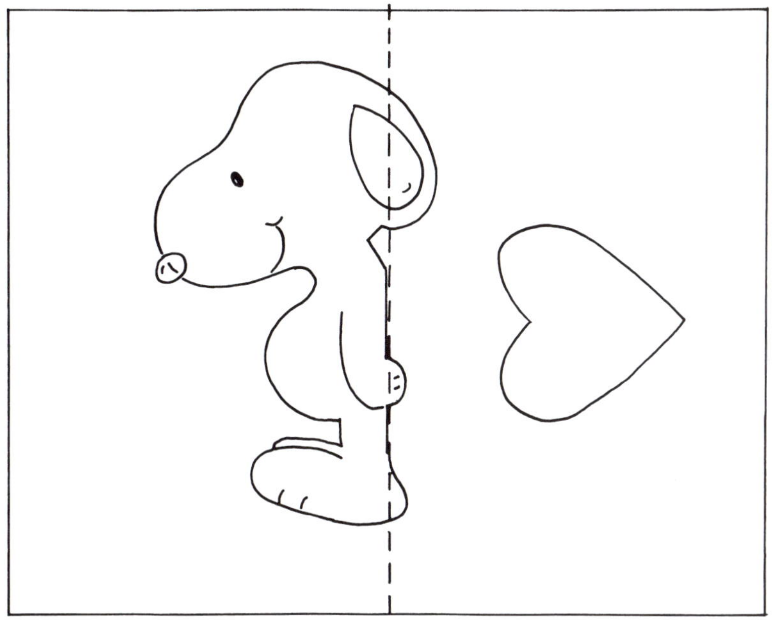

Süßer Hund auf dem Dach S. 74
bitte auf 220% vergrößern

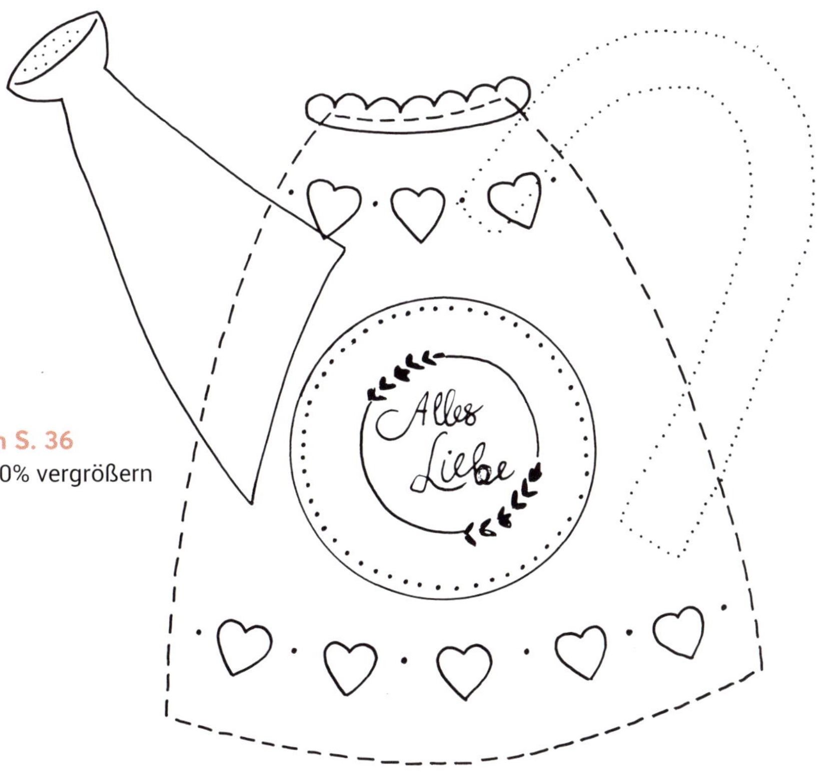

Geldregen S. 36
bitte auf 220% vergrößern

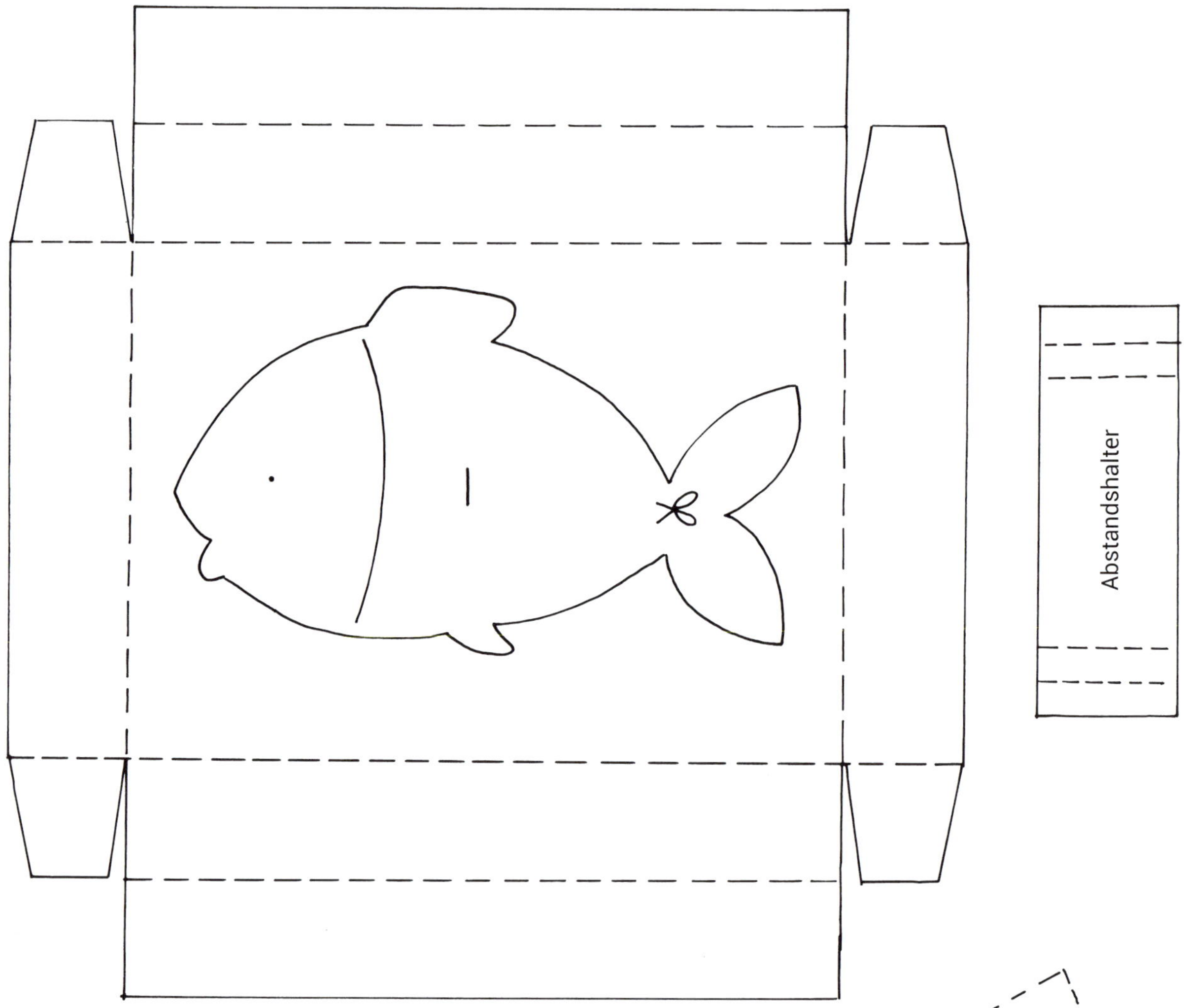

Zur Konfirmation S. 18
bitte auf 220% vergrößern

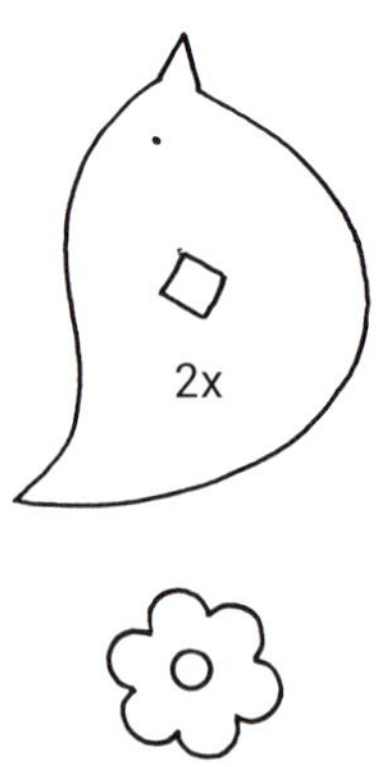

Vögel im Blütenring S. 39
bitte auf 220% vergrößern

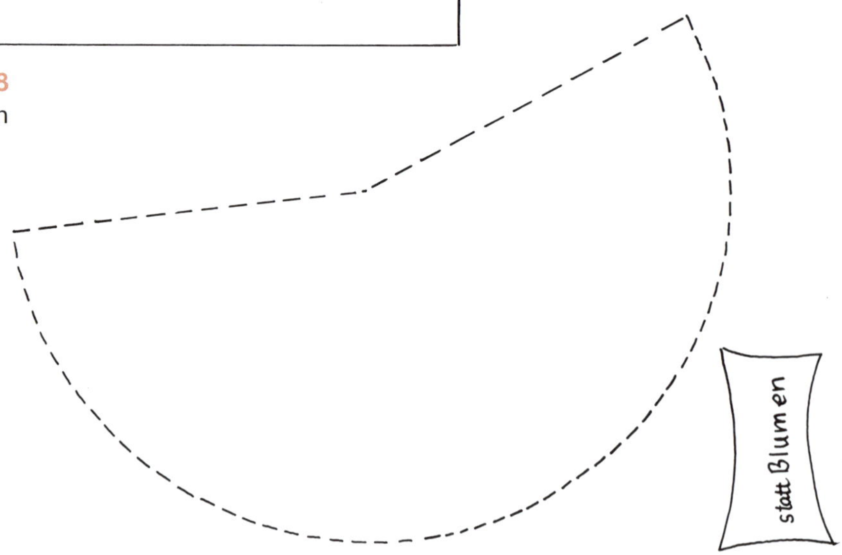

Fröhlich-gepunktete Raute S. 56
bitte auf 220% vergrößern

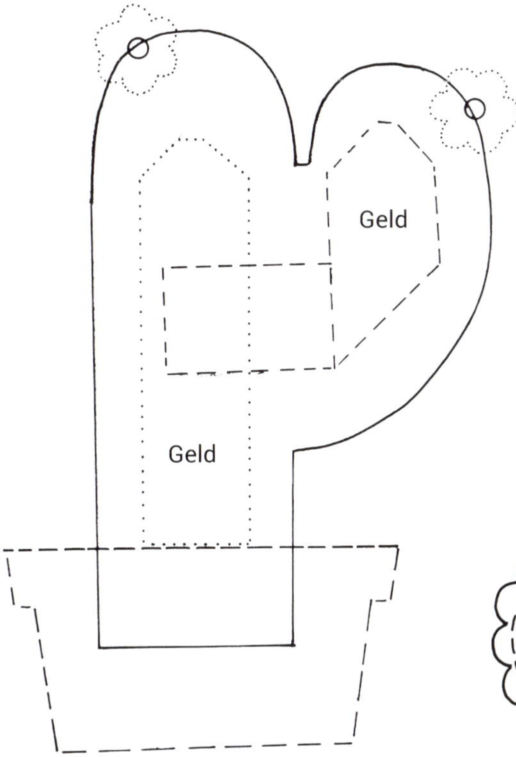

Ein kleiner grüner Kaktus S. 52
bitte auf 220% vergrößern

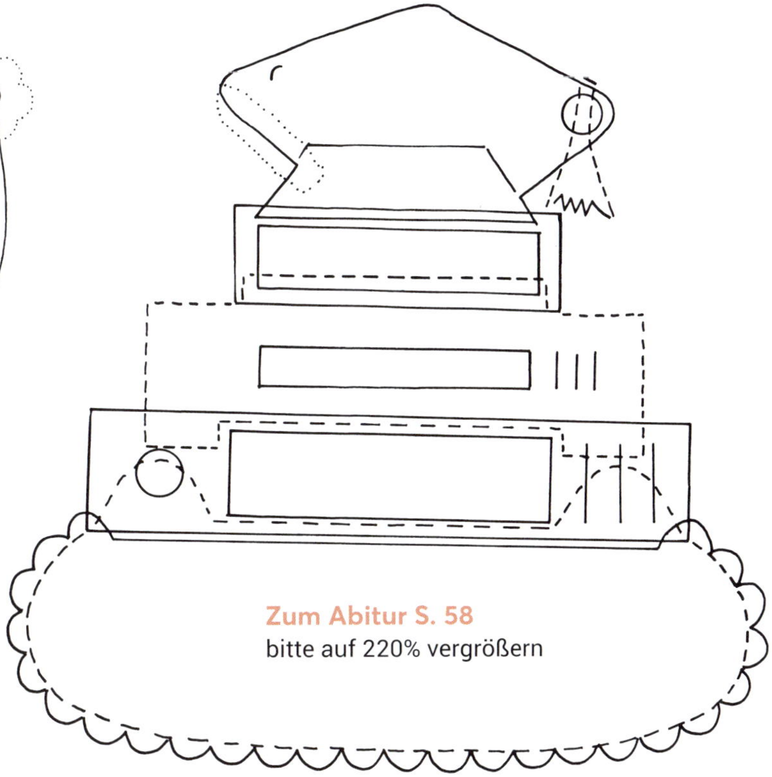

Zum Abitur S. 58
bitte auf 220% vergrößern

Fleißige Schnee-Eule S. 72
bitte auf 220% vergrößern

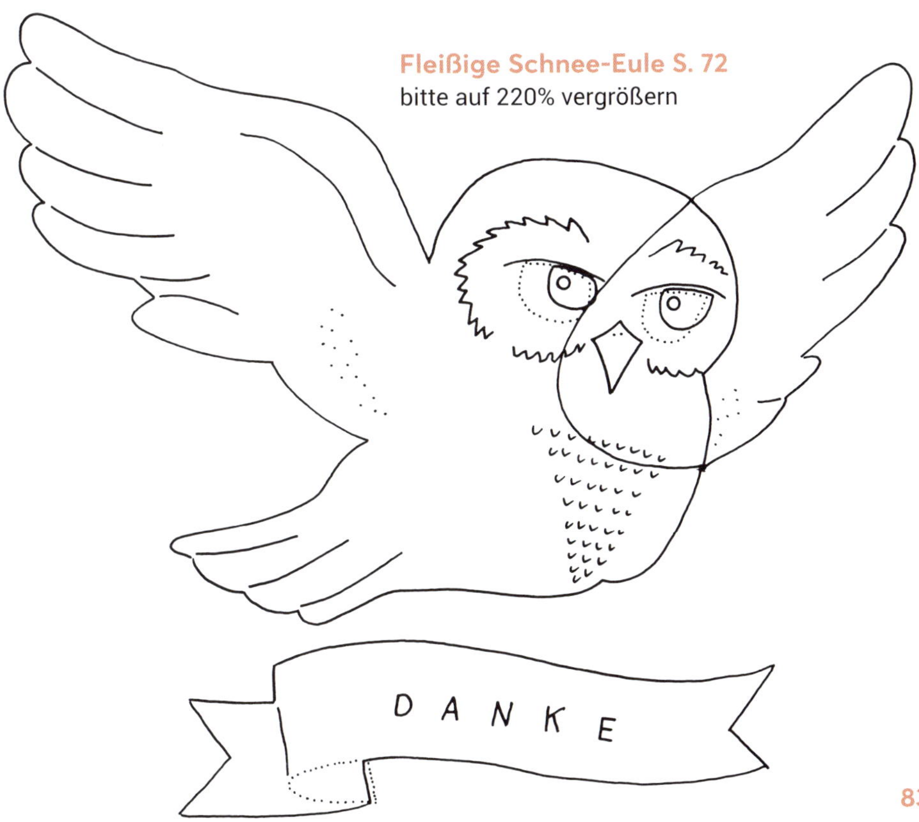

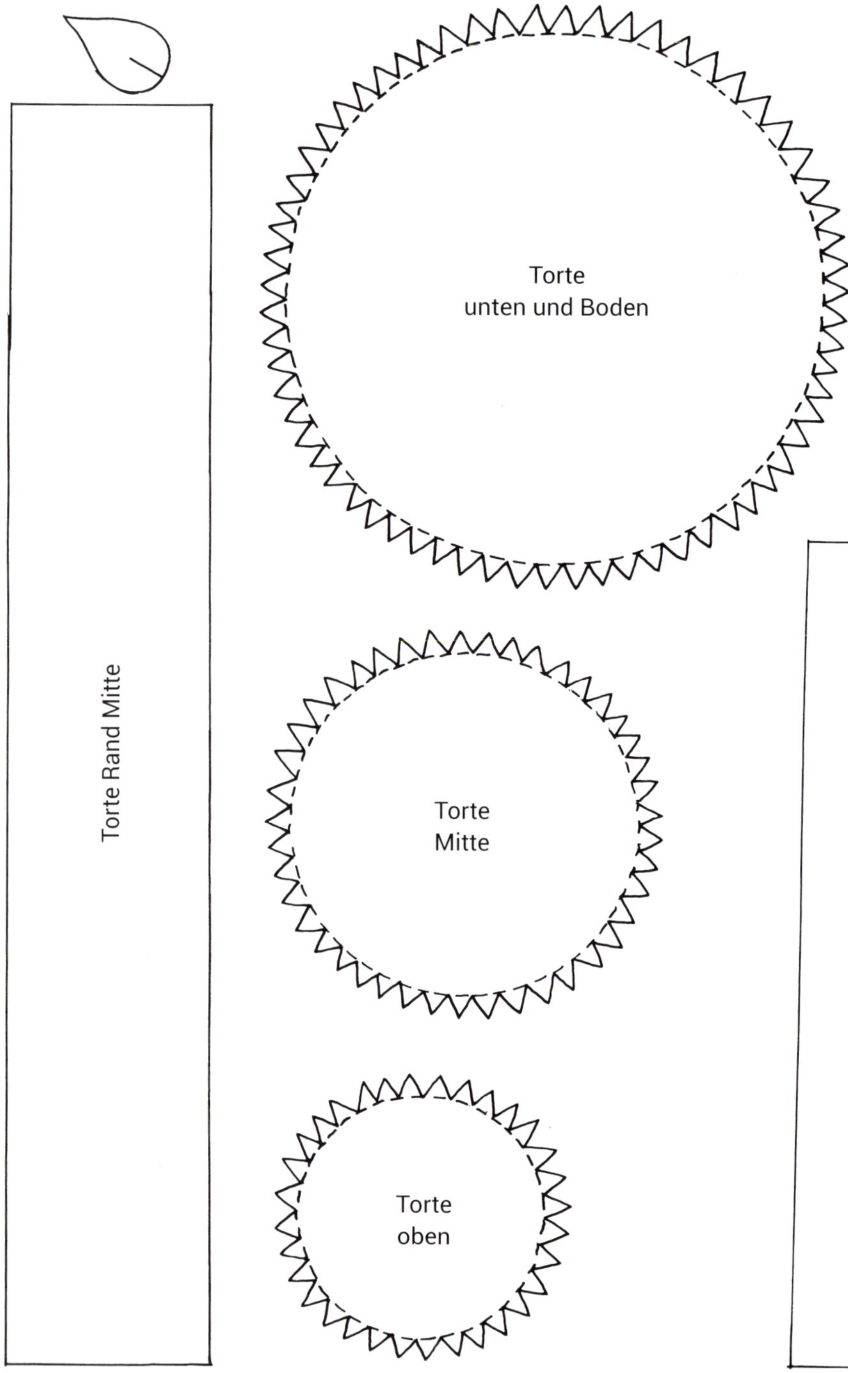

Reich verzierte Torte S. 33
bitte auf 220% vergrößern

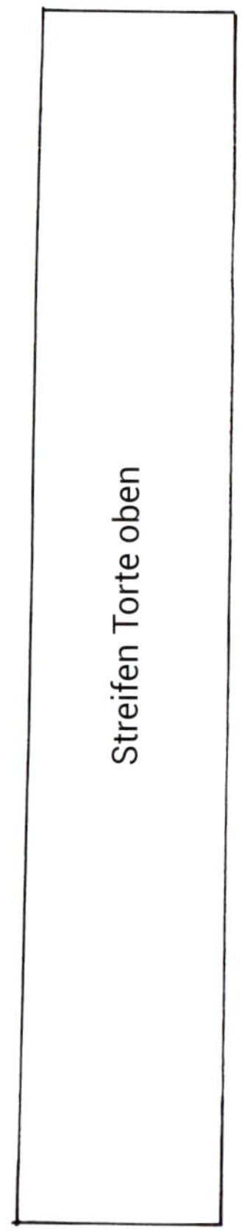

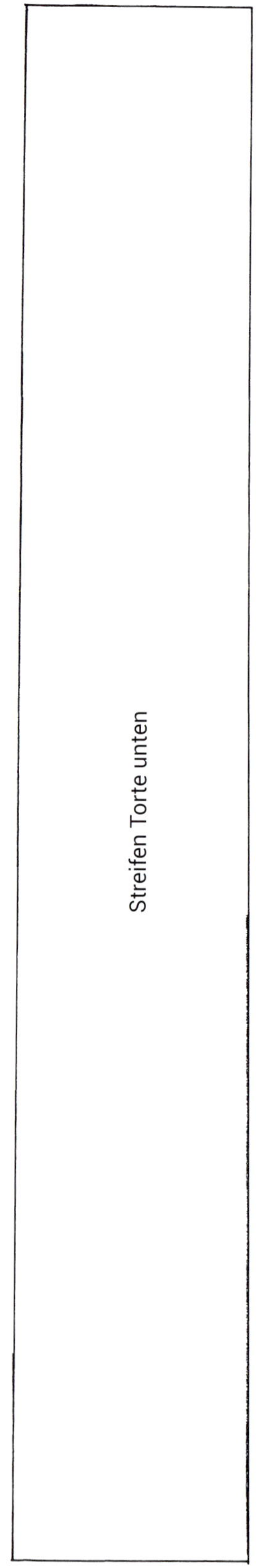

Reich verzierte Torte S. 33
bitte auf 250% vergrößern

Muffin mit Sahnehäubchen S. 44
bitte auf 250% vergrößern

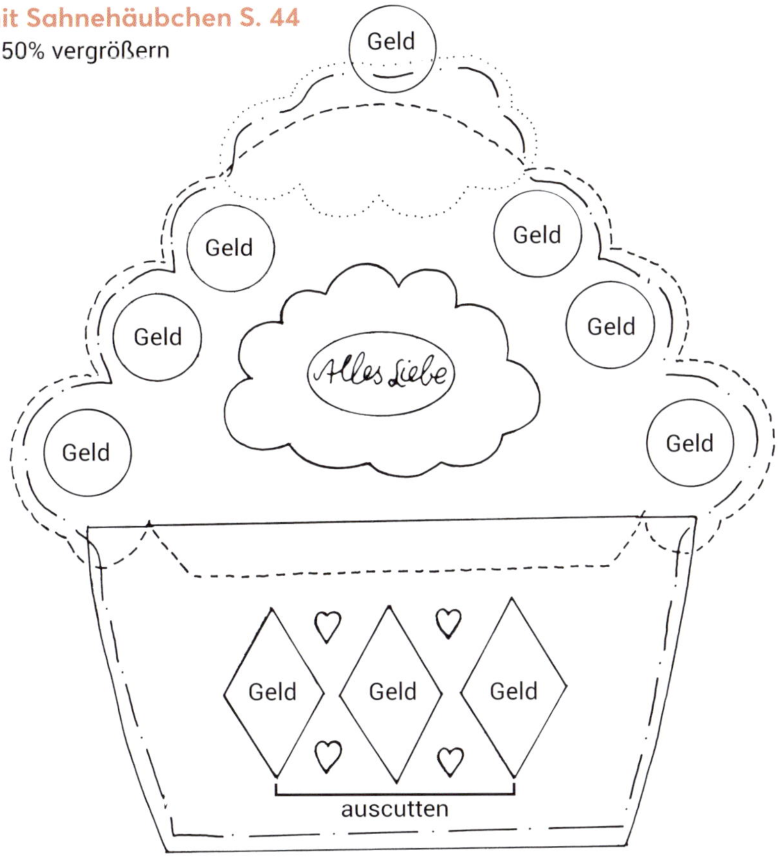

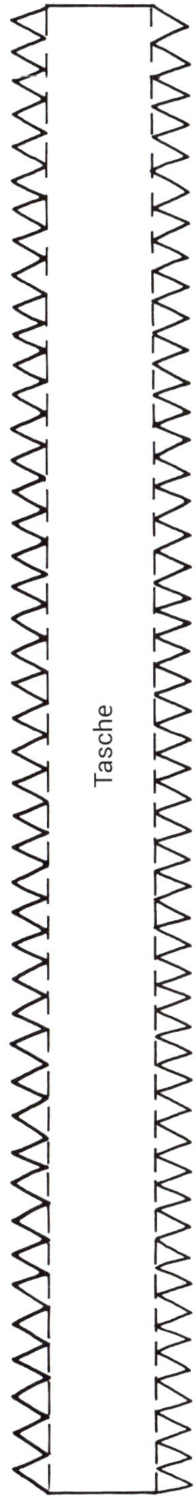

Schicke Tasche S. 24
bitte auf 220% vergrößern

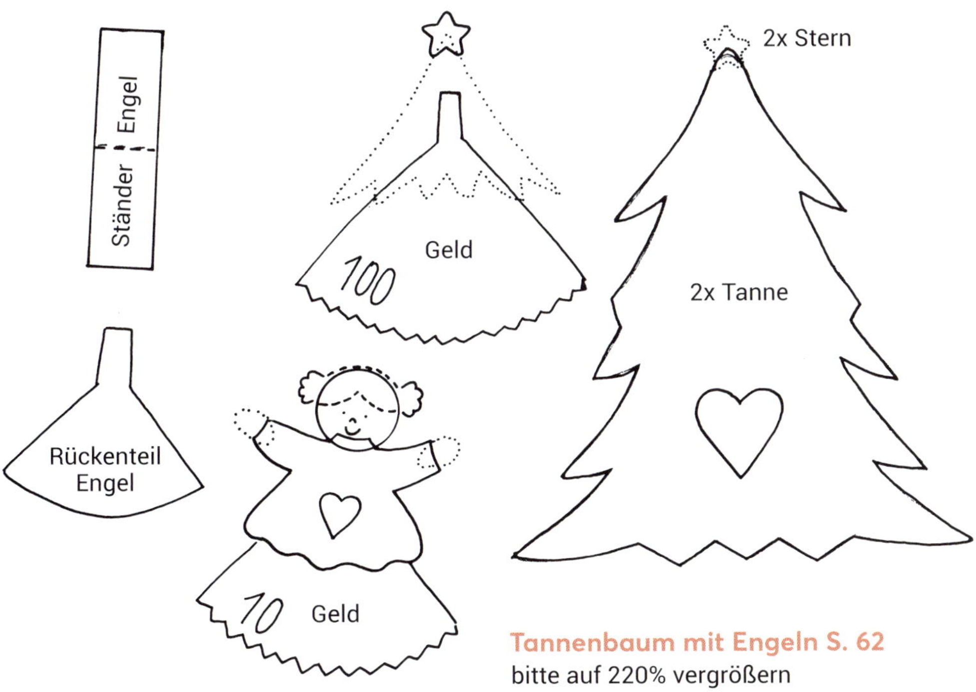

Tannenbaum mit Engeln S. 62
bitte auf 220% vergrößern

Glückwünsche zur Hochzeit S. 28
bitte auf 220% vergrößern

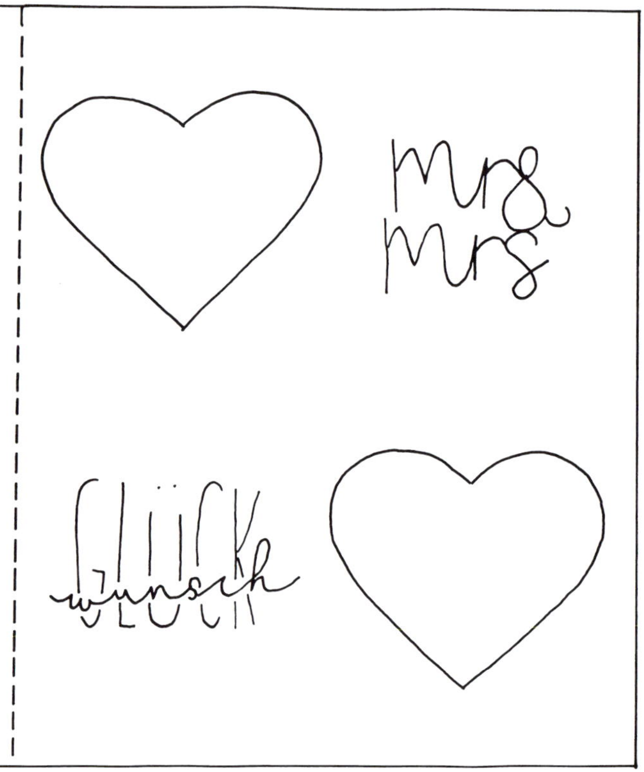

Zum Schulanfang S. 16
bitte auf 250% vergrößern

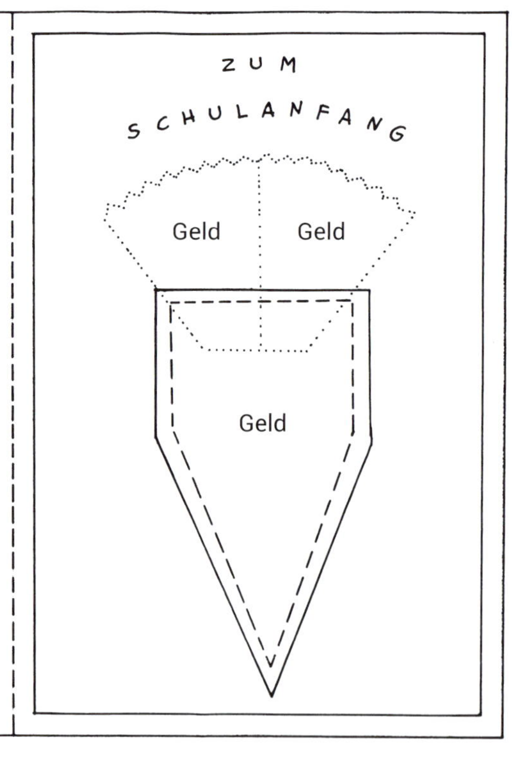

Schicke Tasche S. 24

bitte auf 250% vergrößern

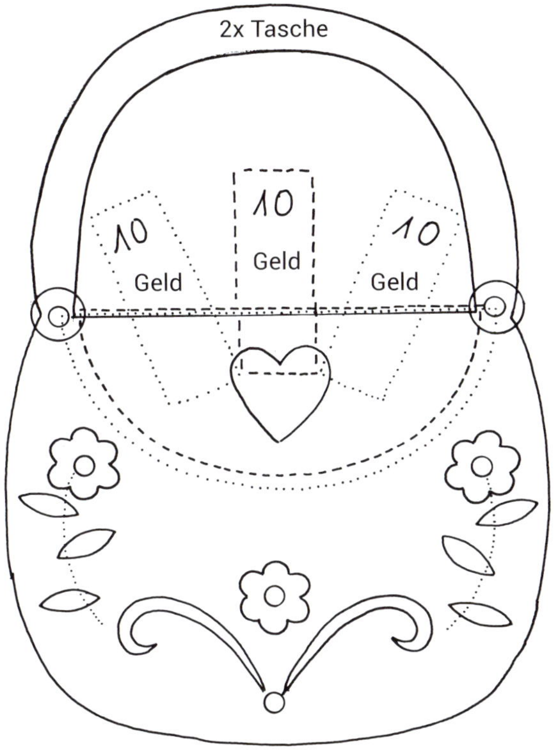

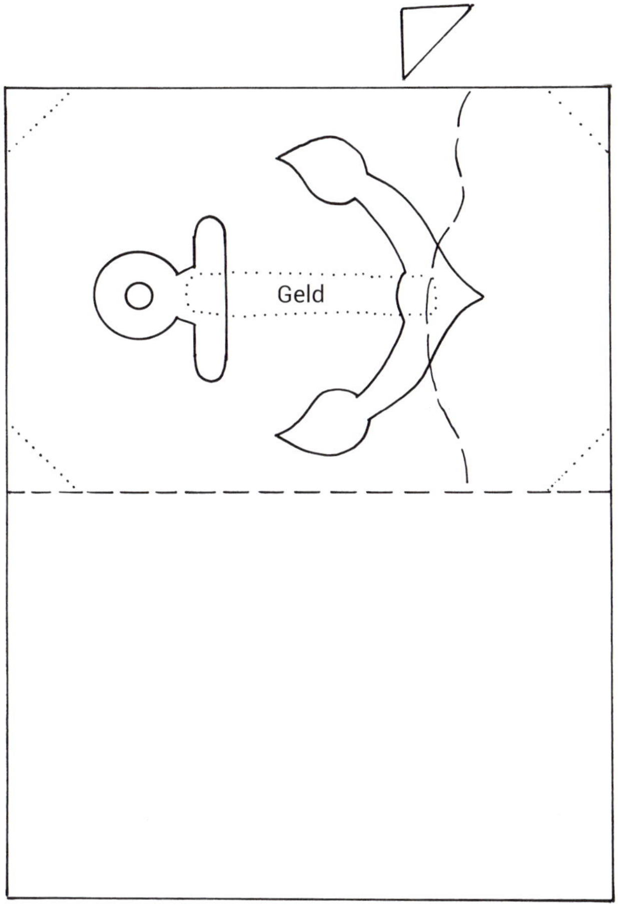

Karte mit Anker S. 20

bitte auf 220% vergrößern

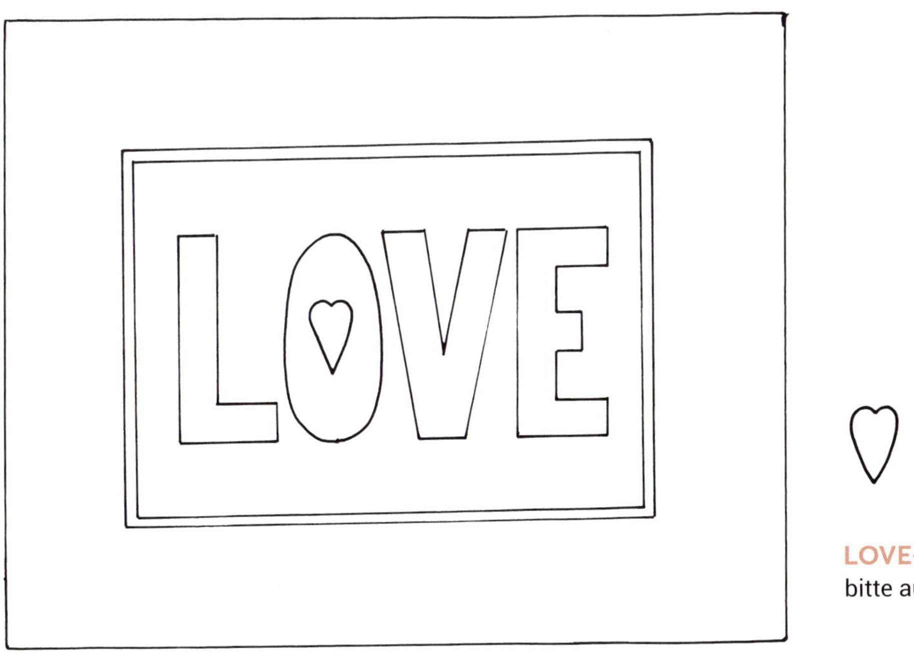

LOVE-Bilderrahmen S. 26

bitte auf 250% vergrößern

Gut gefülltes Tortenstück S. 42

bitte auf 250% vergrößern

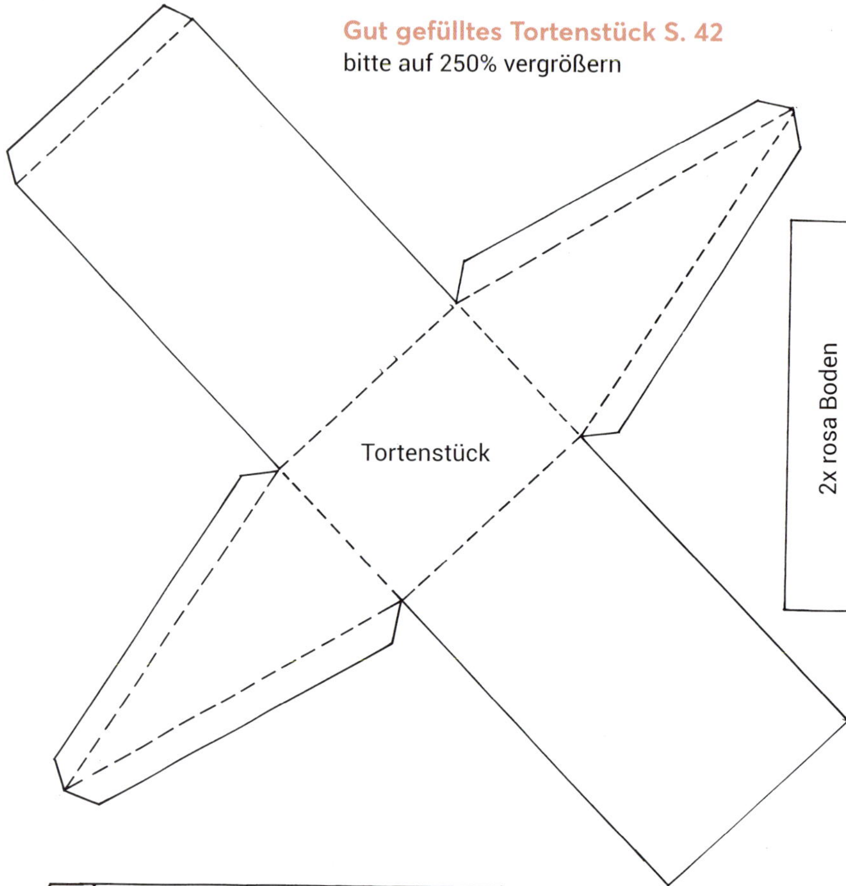

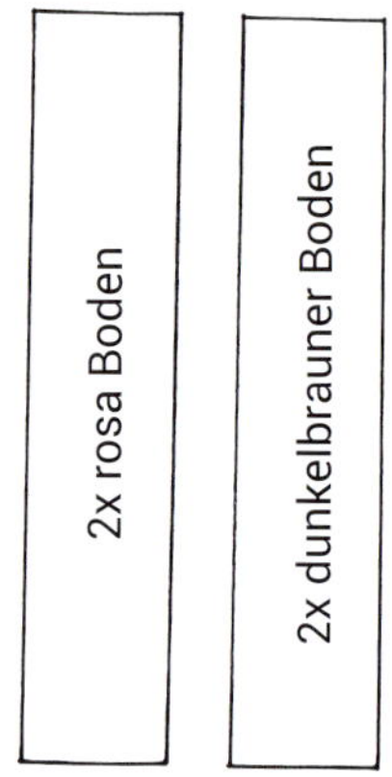

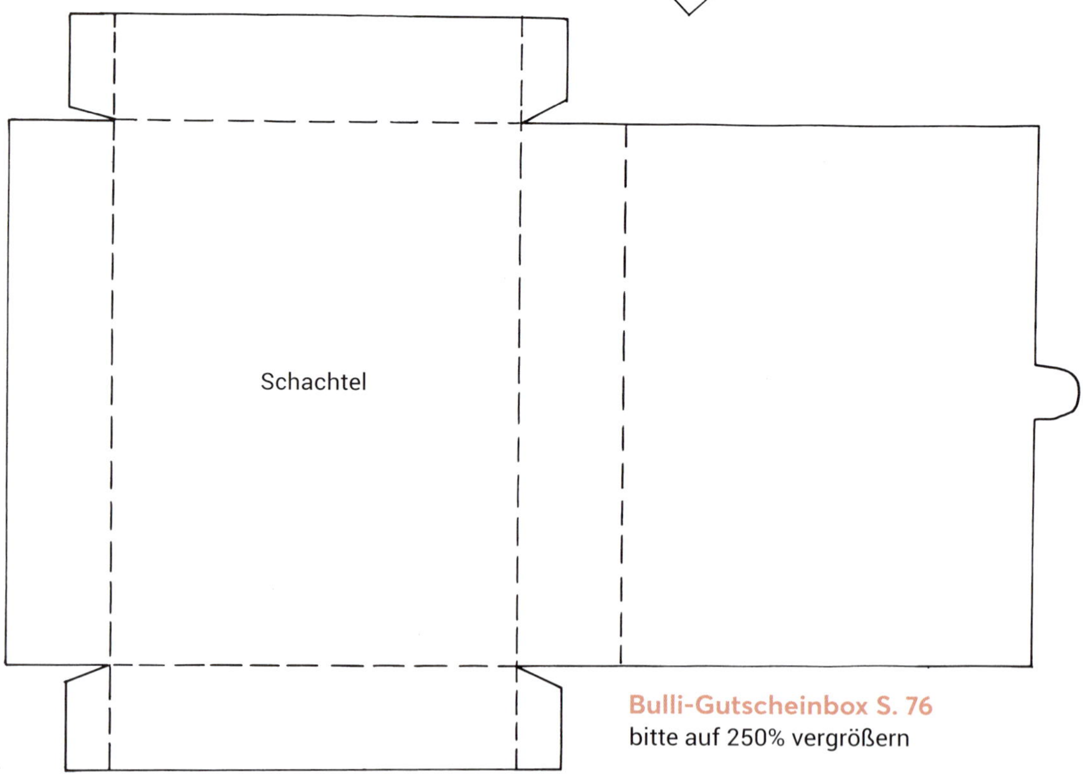

Bulli-Gutscheinbox S. 76

bitte auf 250% vergrößern

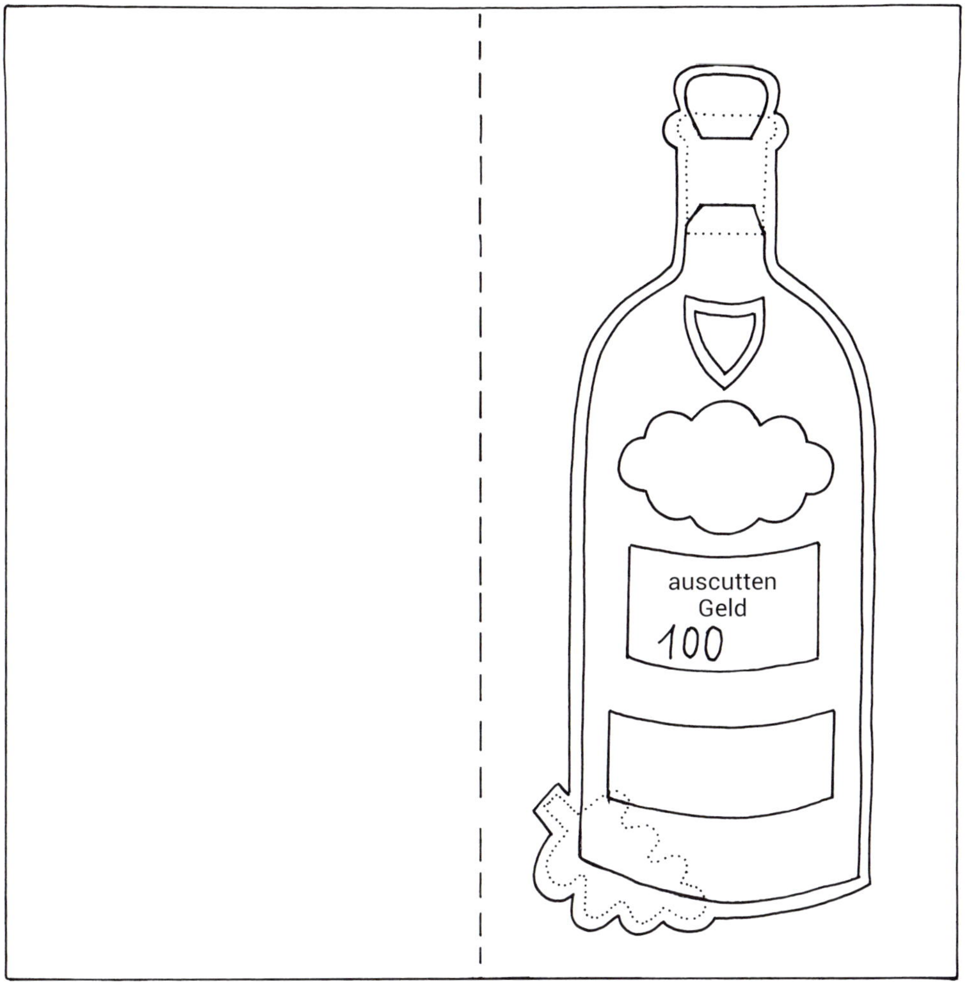

Edler Jahrgang S. 60
bitte auf 220% vergrößern

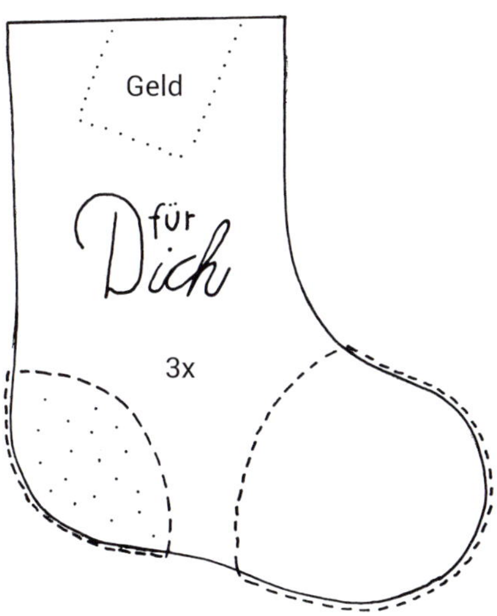

Stiefelkette S. 64
bitte auf 220% vergrößern

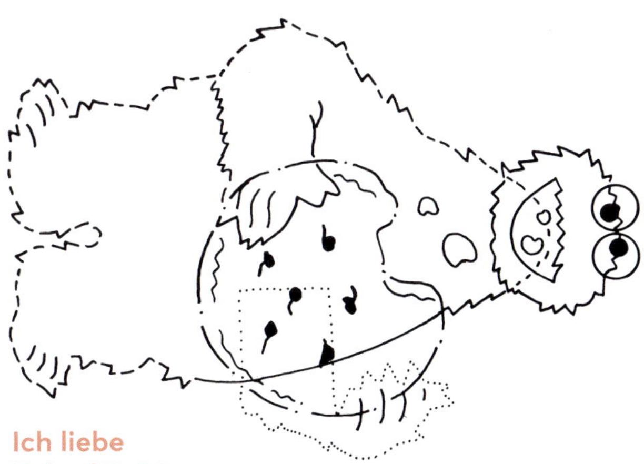

Ich liebe Kekse! S. 70
bitte auf 220% vergrößern

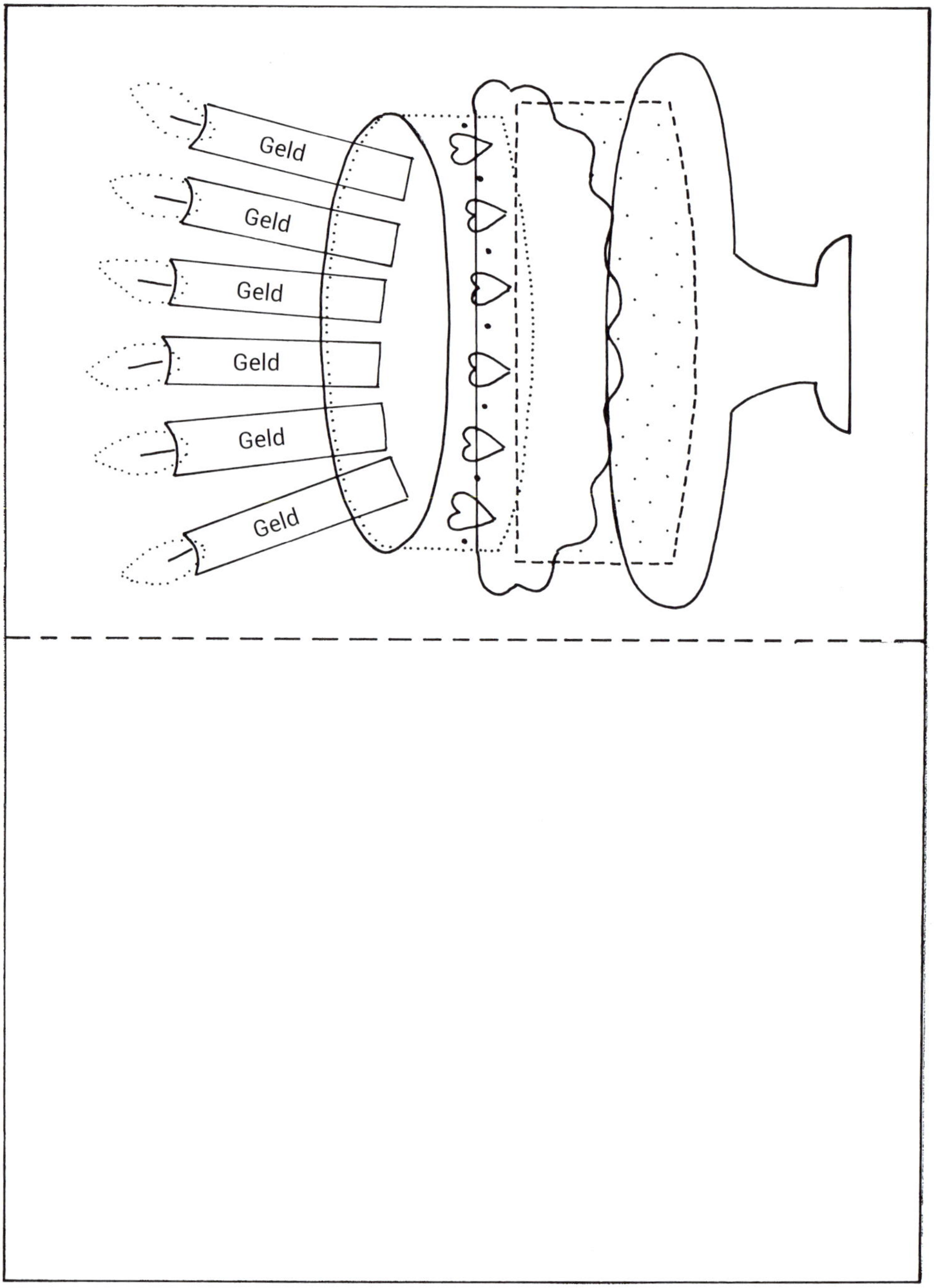

Torte mit Geburtstagskerzen S. 54
bitte auf 220% vergrößern

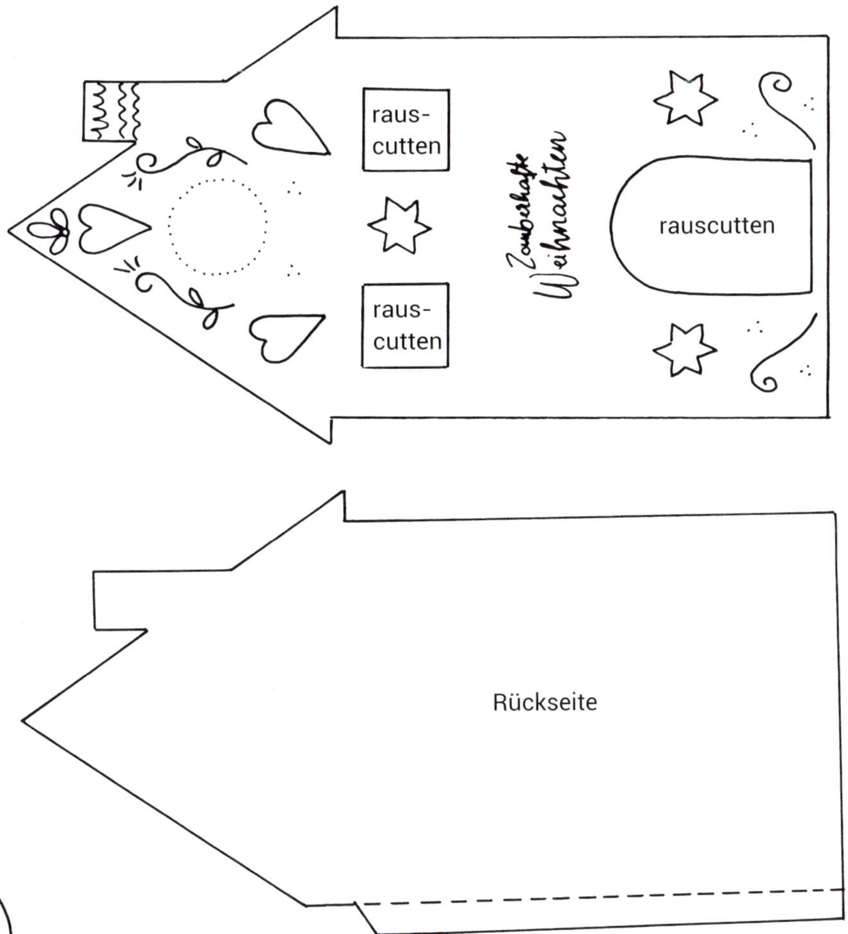

Lebkuchenhaus-Karte S. 68
bitte auf 220% vergrößern

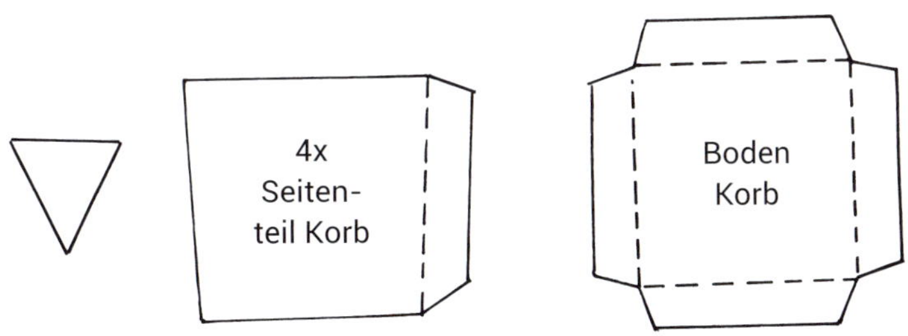

Farbenfroher Fesselballon S. 49
bitte auf 220% vergrößern

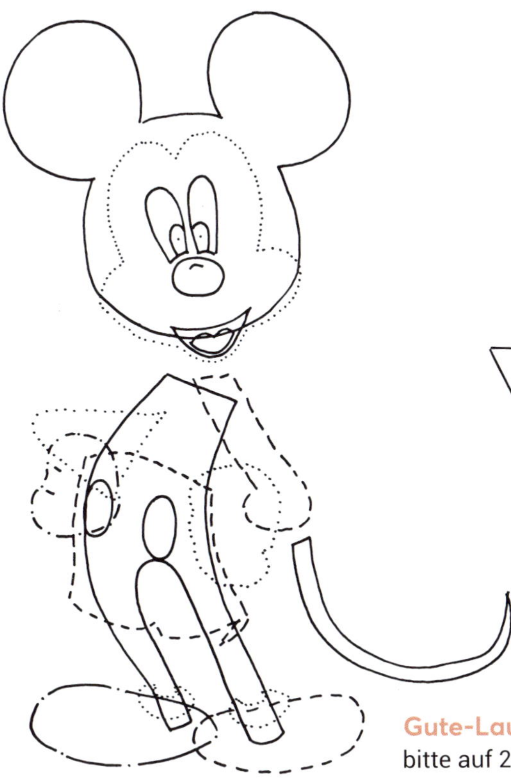

Gute-Laune-Maus S. 79
bitte auf 220% vergrößern

Buchempfehlungen für Sie

Noch mehr Kreativ-Bücher zum gleichen Thema gesucht?

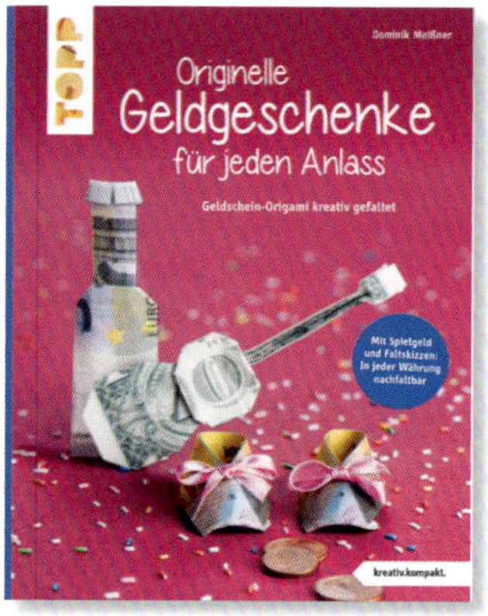

ISBN 978-3-7724-4439-5

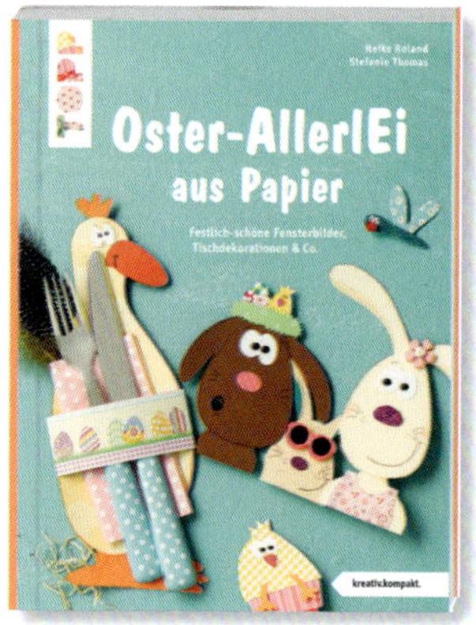

ISBN 978-3-7358-5090-4

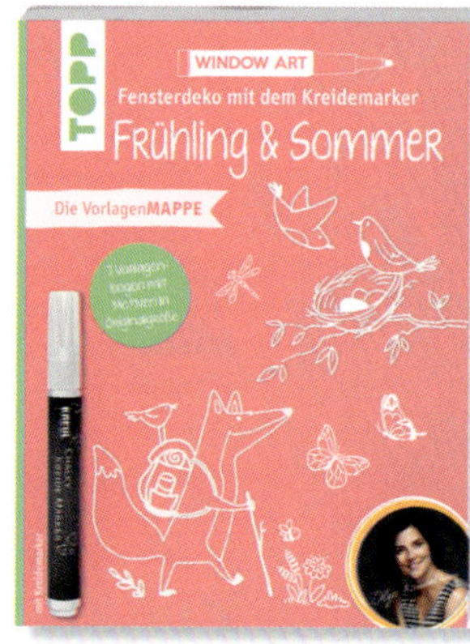

ISBN 978-3-7358-5102-4

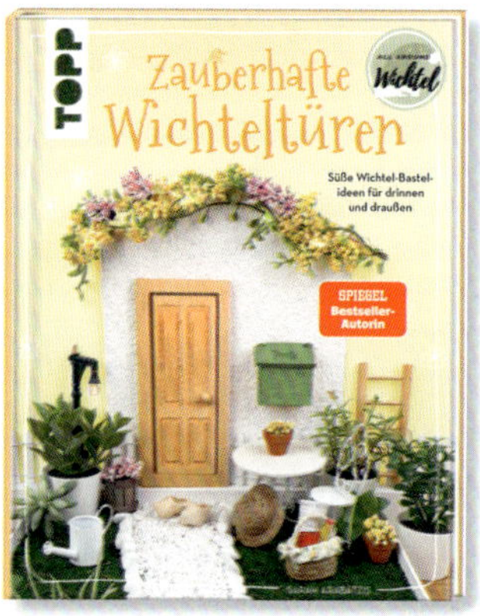

ISBN 978-3-7358-5123-9

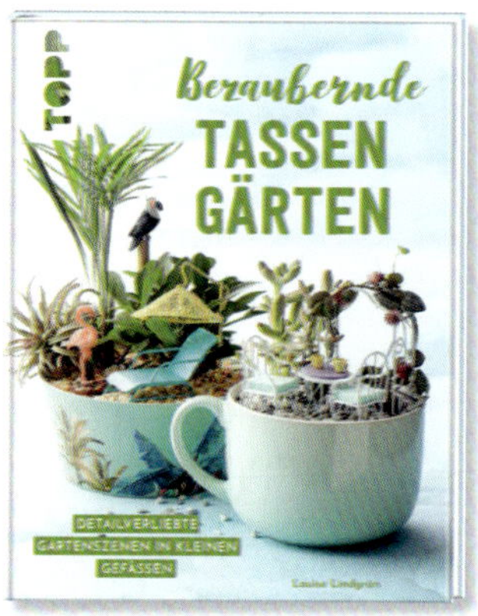

ISBN 978-3-7358-5094-2

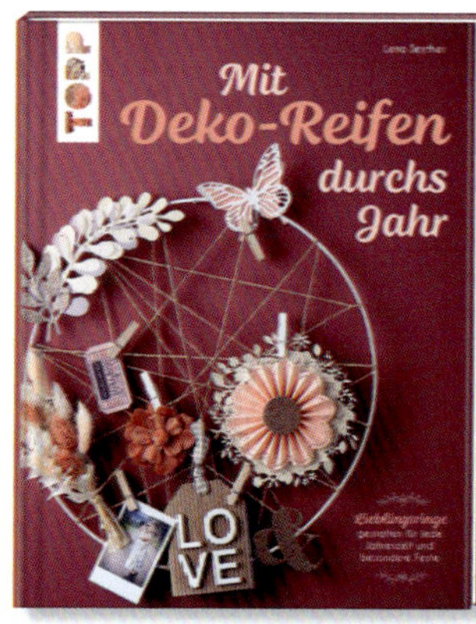

ISBN 978-3-7358-5118-5

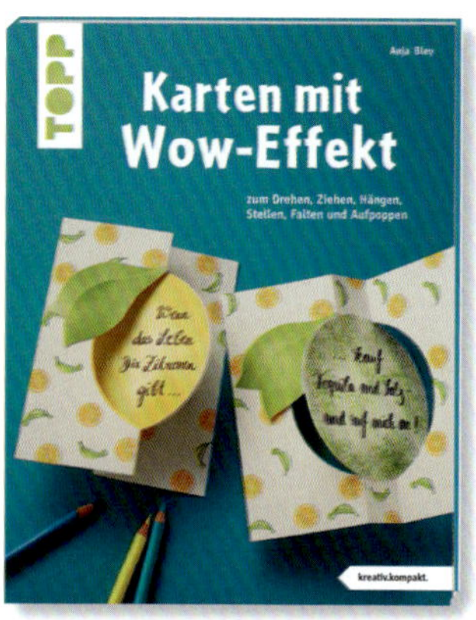

ISBN 978-3-7724-4356-5

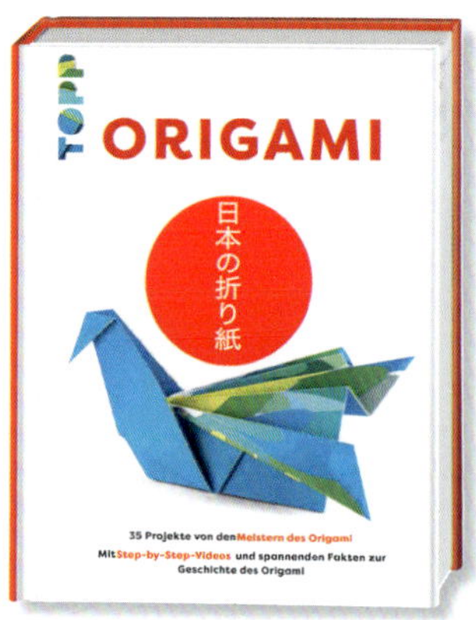

ISBN 978-3-7358-5086-7

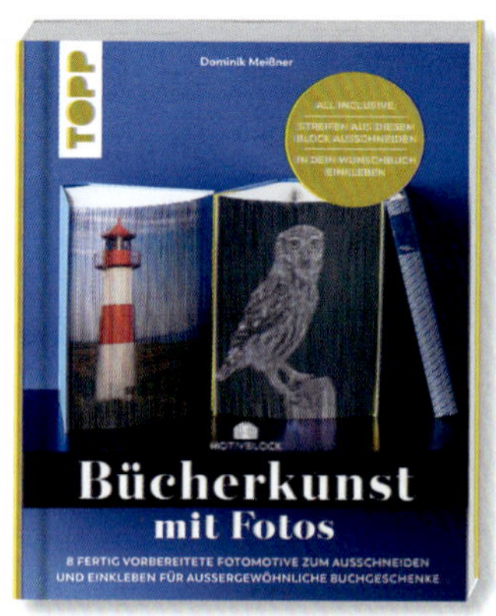

ISBN 978-3-7358-5117-8

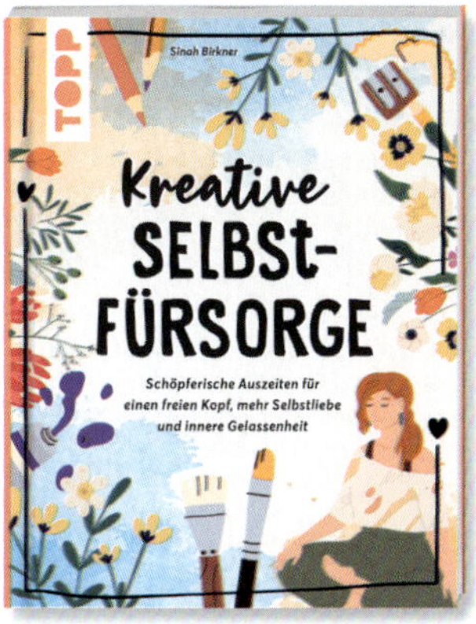

ISBN 978-3-7358-5077-5

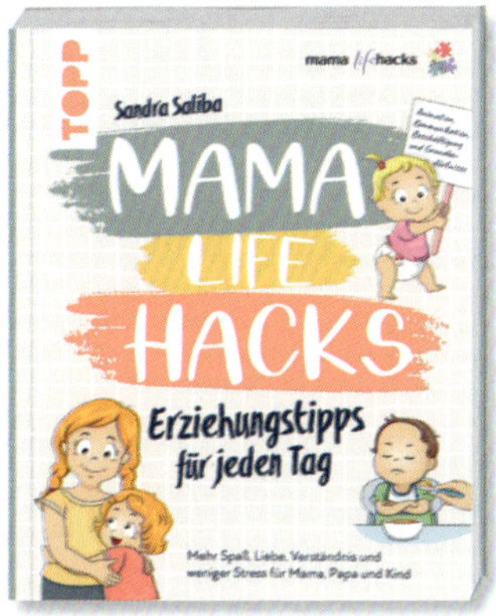

ISBN 978-3-7358-5111-6

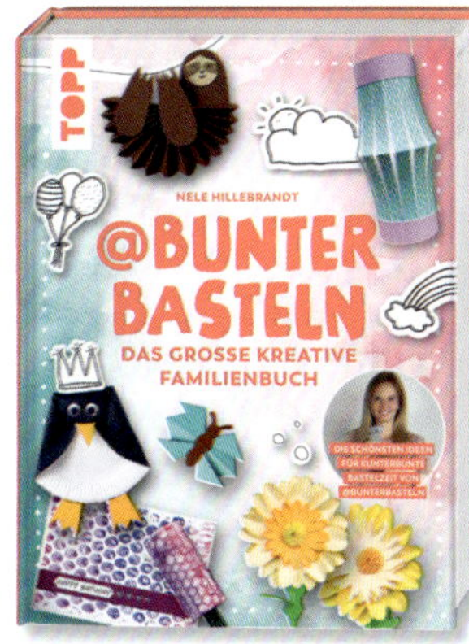

ISBN 978-3-7358-5104-8

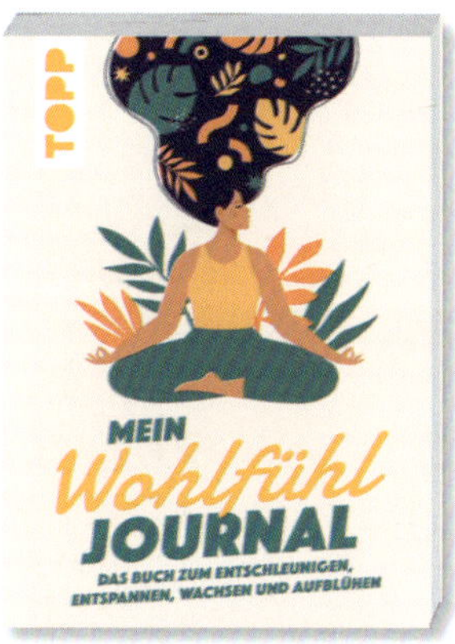

ISBN 978-3-7724-4657-3

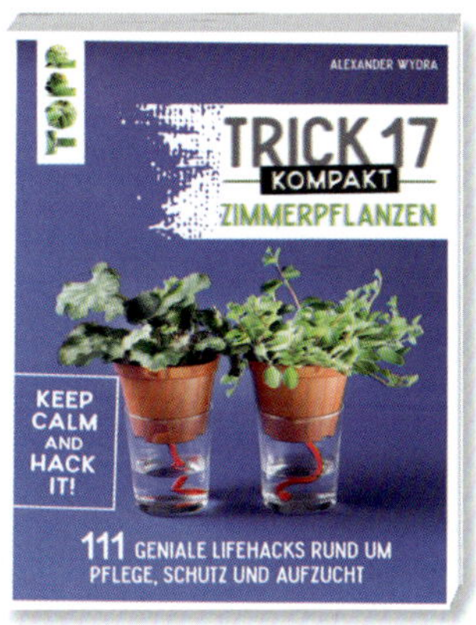

ISBN 978-3-7724-4579-8

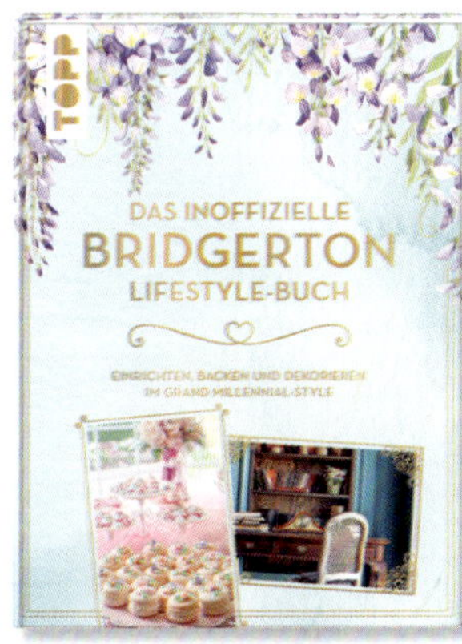

ISBN 978-3-7724-4656-6

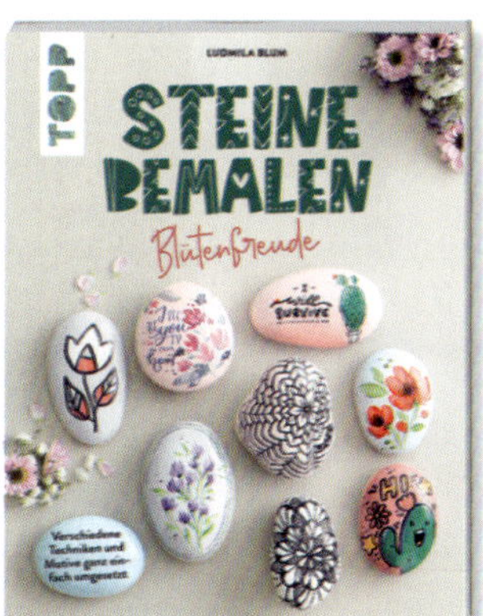

ISBN 978-3-7724-3117-3

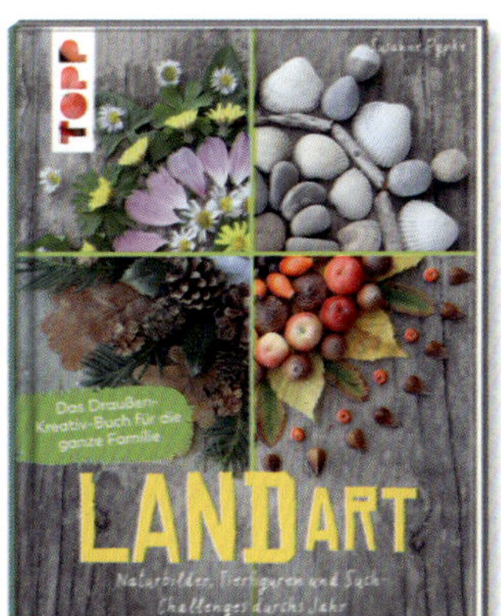

ISBN 978-3-7724-4654-2

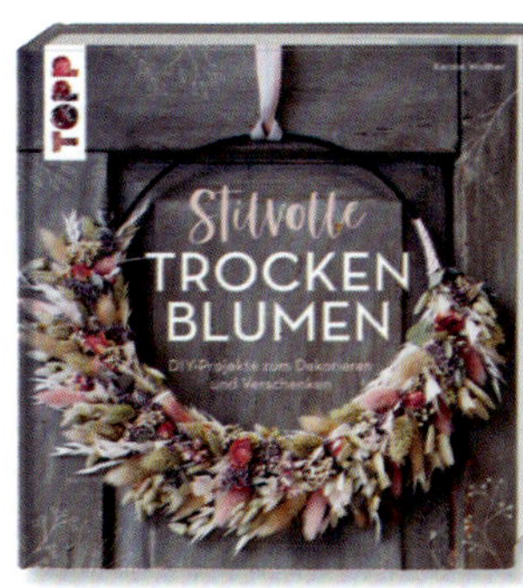

ISBN 978-3-7724-4521-7

#TOPPPROJEKT

Die eigene Kreativität zeigen: TOPPprojekt mit anderen Kreativen teilen und Teil der Gemeinschaft werden.

DIY-begeistert und auf Instagram? Dann unbedingt mitmachen! Hier gibt's Tipps und Feedback zu den eigenen Projekten. Außerdem verlosen wir jeden Monat ein Überraschungspaket. Um am Gewinnspiel teilzunehmen, einfach ein Bild vom Kreativ-Projekt aus unseren Büchern mit #TOPP-projekt posten und unserem Account @frech-verlag folgen. Mehr Infos auf TOPP-kreativ.de/TOPPprojekt

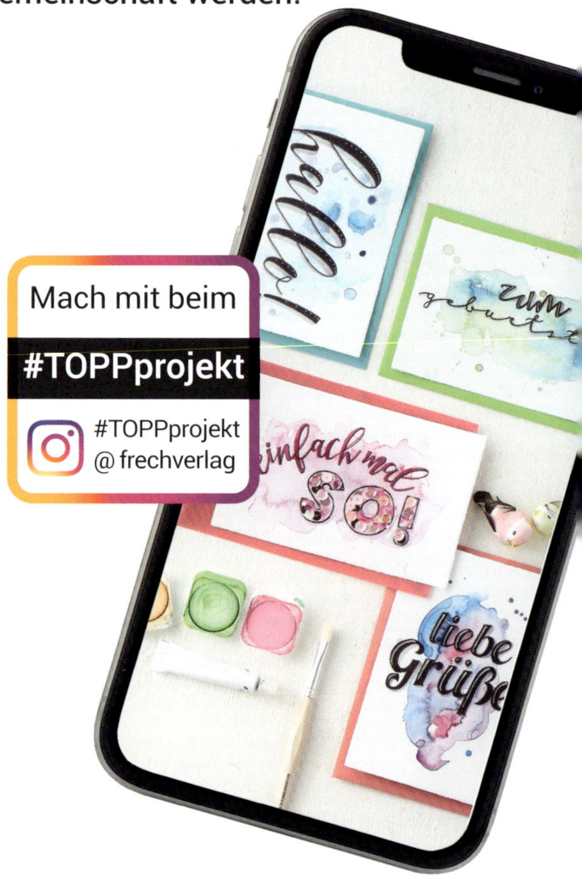

Website

Auf TOPP-kreativ.de können Sie ein riesiges Angebot von über 1.000 Kreativbüchern, Sets & mehr entdecken.

Newsletter

Gleich anmelden unter: TOPP-kreativ.de/newsletter und immer als Erstes von unseren Neuheiten und Sonderaktionen erfahren.

Instagram

@frechverlag

Pinterest

pinterest.com/frechverlag

Facebook

facebook.com/frechverlag

DigiBib

Hier finden Sie zusätzlich zu vielen unserer Bücher digitale Extras, wie Video-Tutorials, Plotter-Dateien, Vorlagen, Übungsblätter & vieles mehr. Einfach im Impressum Ihres TOPP-Buchs den Freischalte-Code nach-schlagen und exklusive Inhalte freischalten. TOPP-kreativ.de/digibib

Youtube

youtube.com/frechverlag

Wer wir sind, wie wir arbeiten, was wir lieben …

Auf Instagram, Facebook und Pinterest finden Sie mehr über uns und unsere Arbeit und werden immer schnell und einfach mit den neuesten Infos versorgt.

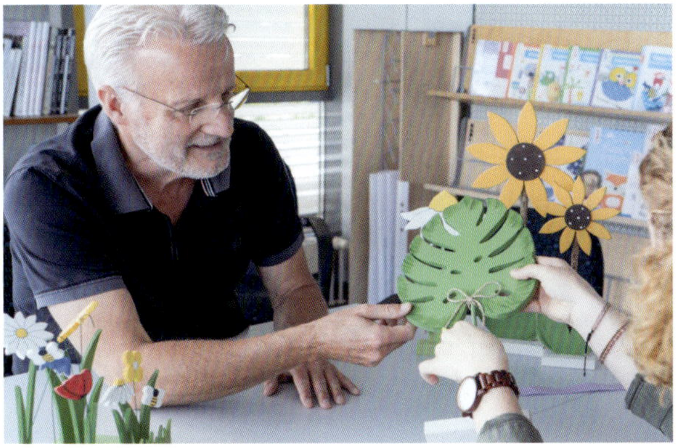

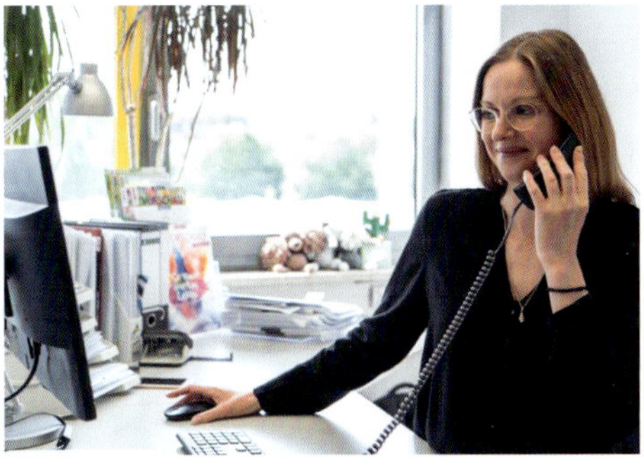

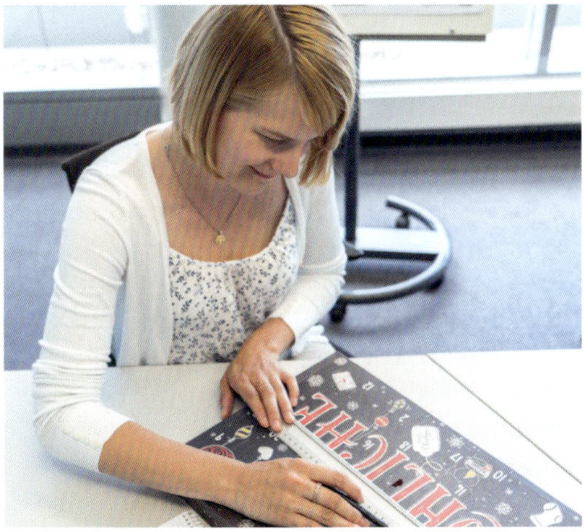

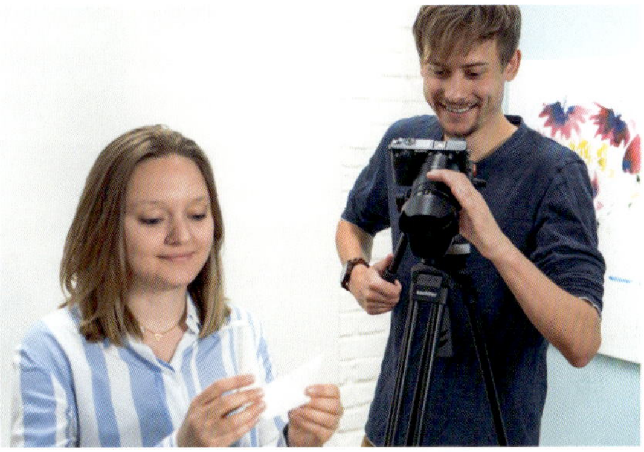

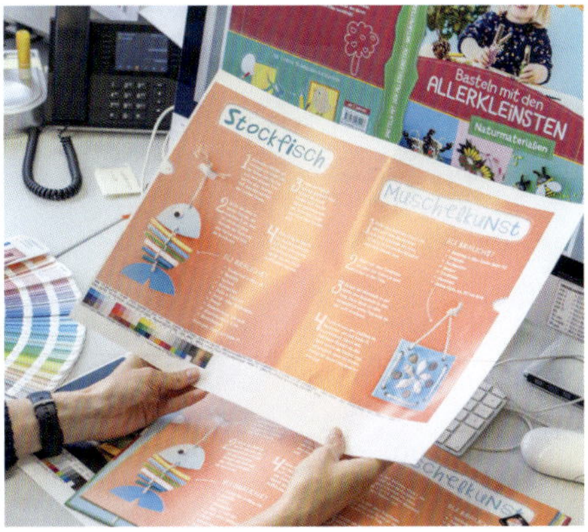

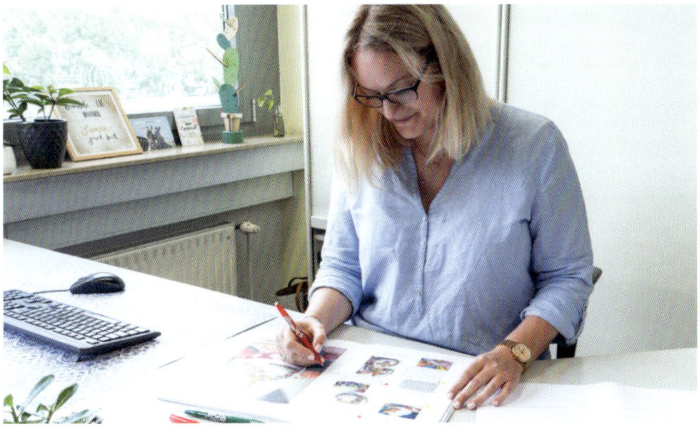

Alle News, alle Infos und alle Links finden Sie auf www.TOPP-kreativ.de

KREATIV-HOTLINE
Hilfestellung zu allen Fragen, die Materialien und Bücher zu kreativen Hobbys betreffen:
Frau Erika Noll berät Sie. Rufen Sie an oder schreiben Sie eine E-Mail!
Telefon: 0711 / 123 757 20*
*normale Telefongebühren

E-Mail: mail@kreativ-service.info

Impressum

FOTOS: frechverlag GmbH, 70839 Gerlingen; lichtpunkt, Michael Ruder, Stuttgart (Modellfotos); Anja Ritterhoff (Schrittfotos);
LEKTORAT: Annette Gerstenkorn
PRODUKTMANAGEMENT: Melissa Portz
COVERGESTALTUNG: Eva Hook
HERSTELLUNG: Heike Köhl
SATZ: tebitron gmbh, Gerlingen
DRUCK: POLYGRAF PRINT spol. s r.o., Slowakei

Ein besonderer Dank für die Bereitstellung der Materialien geht an die Firmen VBS Hobby Service GmbH, buttinette Textil-Versandhaus GmbH und Rayher Hobby GmbH.

1. Auflage 2023

ISBN 978-3-7358-5114-7 • Best.-Nr. 25114

MIX
Aus verantwortungsvollen Quellen
FSC® C023577

Penguin Random House Verlagsgruppe FSC® N001967